LA APOTEOSIS DE LOS ENANOS

Artículos y colaboraciones

José Luis Antonaya

A todos los que aman a España porque no les gusta

A MODO DE PRÓLOGO+

"Cuando muere, todo el mundo debe dejar algo detrás, decía mi abuelo. Un hijo, un libro, un cuadro, una casa, una pared levantada o un par de zapatos."
Ray Bradbury (Fahrenheit 451

Una de las muchas necedades que el Pensamiento Único hace pasar por verdades incuestionables es cierta visión de la Historia como un proceso de constante mejora y superación en todos los ámbitos de la sociedad.

El ciudadano políticamente domesticado asume como dogma de fe que, al contrario de lo que afirmaba Jorge Manrique, cualquier tiempo pasado fue peor. Para apoyar su postura recurre normalmente a sobados tópicos sobre los avances médicos y adelantos técnicos en diversas áreas.

Pero si al ciudadano domesticado se le pide que amplíe su visión a cuestiones como la libertad de opinión, la creatividad artística, o la grandeza cultural, se suele callar adoptando la actitud suspicaz del ortodoxo ante el sospechoso de herejía.

Normalmente la discusión no avanza mucho más. El ciudadano domesticado suele tener más afición por los concursos de cocineros o las tertulias de telebasura que por la Historia, con lo cual no se le puede señalar la diferencia, por ejemplo, entre pintores como Velázquez, Tintoretto o el Bosco con los pintamonas y timadores que suelen exponer sus bodrios en ARCO. O de la cultura general que se impartía en el bachillerato español de mediados del siglo XX con la ignorancia desmesurada que suele exhibir "la generación mejor preparada de nuestra Historia".millenial" es la versión siglo XXI del tontolaba de toda la vida. Seguramente sepa el nombre técnico del último modelo de teléfono móvil, pero es incapaz de situar en su contexto espacio-temporal a cualquier personaje histórico relevante.

Es cierto que, en todas las épocas, junto a genios y héroes, ha habido simples, imbéciles y mentecatos. La diferencia de esas épocas anteriores con el mundo actual y con el modelo social impuesto a nivel planetario desde 1945 es que nunca se había erigido la ignorancia como mérito y la mediocridad como ejemplo a seguir.

Ha habido épocas de gigantes y épocas de enanos, pero nunca como ahora el enanismo mental y la miseria moral se habían impuesto como dogmas inamovibles.

Y nunca como ahora se había perseguido y silenciado la opinión disidente. El Pensamiento Único omnipresente en cualquier medio de comunicación, plan de estudios o espectáculo de masas impone como verdades incuestionables sus ideologías de laboratorio y descalifica socialmente a cualquiera que las cuestione.

Por eso, escribir desde una visión opuesta a la mediocridad imperante se ha convertido en una actividad de riesgo. Los que no tragamos con la versión canónicamente descafeinada y adulterada de la realidad nos hemos convertido en proscritos. Vivimos en un mundo en el que se encarcela a ancianos por cuestionar la veracidad de ciertas leyendas negras y se condena penalmente a libreros por publicar libros políticamente molestos.

Esta inquisición feroz de cualquier pensamiento contrario se ha recrudecido en los últimos tiempos con el Estado de Excepción que, disfrazado de Estado de Alarma, padecemos en España en el momento en que escribo estas líneas.

Las redes sociales, último altavoz del pensamiento nacional y revolucionario están siendo fiscalizadas con saña por los censores. Una miríada de "verificadores" al servicio del Poder establecido borra cuentas, cierra perfiles y amordaza discrepancias.

Los artículos recopilados en este libro estaban dispersos en blogs, redes sociales y en publicaciones alternativas como el diario El Cadenazo, o las revistas Somos o Vértice.

Más allá de su referencia a la efímeras actualidad de cada momento, creo que reflejan un talante y una cosmovisión que merece ser preservada y, al menos, confrontada en igualdad de condiciones con la ideología dominante.

Hasta que llegue ese momento, espero que desde las catacumbas de tu disco duro o de tu estantería, sirvan, al menos, para entretenerte, divertirte y hacerte reflexionar.

.

J.L.A *Mayo 2020.*

ANTIFASCISTAS

"Soy fascista porque he medido el avance de la decadencia en Europa. He visto en el Fascismo el único medio de contener y reducir dicha decadencia"
Pierre Drieu La Rochelle.

No hay imbécil que se precie que no se proclame antifascista. Desde el guarro de rasta y media neurona atufada de marihuana hasta el más atildado pisaverde liberal, todos aprovechan la mínima ocasión para hacer gala de su antifascismo.

En el noventa por ciento de los casos, cuando se les pregunta sobre el Fascismo, su ignorancia sobre el asunto es monumental y rotunda.

Pero es de buen tono utilizar la palabra "fascista" como un insulto.

Todos los partidos del Sistema, desde el pijiprogresismo podemero más nauseabundo hasta cierta derecha travestida de patriotismo, tan de moda últimamente, se arrojan unos a otros el epíteto de "fascista" como sinónimo de cabrón con pintas.

Si no fuera obsceno y grotesco sería gracioso observar el espectáculo de los antifascistas conservadores, peperos reciclados y herederos de la derecha más caciquil, llamando "fascistas" a los antifascistas rojos, hijos de papás burgueses y progres, analfabetos de red social, amigas feas y marisabidillas sin duchar.

Y viceversa.

El chepudo aspirante a Lenin/Robespierre ha lanzado una "alerta antifascista" desde su mansión de Galapagar pagada con los impuestos de los trabajadores. Una multitud de pijoflautas, discapacitados mentales, paniaguados de la memoria histórica, feministas de pelo en pecho y demás sicópatas drogodependientes se han lanzado a la calle en busca de fascistas a los que linchar o encerrar en checas financiadas por Soros.

Lo malo es que la furia asesina de estos tarados no se dirige solamente contra los que no tenemos ningún complejo en declararnos orgullosamente fascistas, sino contra pacíficos derechistas que, desde sus perfiles en las redes sociales, llenos de vivaspañas y loas al rey, se escandalizan de lo anticonstitucionales, poco democráticas e intolerantes que son las hordas podemeras.

En esas estamos.

CUANDO LOS COMUNISTAS NO DABAN RISA.

La gloria en la batalla siempre ha sido directamente proporcional a la entidad y potencia del enemigo. Como decían nuestros antecesores italianos: "Molti nemici, molto honore" (muchos enemigos, mucho honor).

La literatura y el cine, conscientes de esta realidad, siempre han sabido darle relieve a la figura del héroe con el contrapunto de un villano poderoso que, en muchas ocasiones, resultaba más atractivo y sugerente que el mismo protagonista. ¿Qué hubiera sido de los Mosqueteros sin Milady; de Sherlock Holmes sin Moriarty, de Supermán sin Lex Luthor o de Batman sin el Joker?

En nuestra lucha política, esta dimensión épica la proporcionaron los rojos. Nuestro otro enemigo, el derechista, siempre careció de arrojo para la lucha callejera y nos combatió con artimañas legales, multas y demás maniobras fariseas y cobardonas de los que siempre se quedan detrás de la barrera. Los rogelios, sin embargo, traicioneros y sanguinarios por naturaleza, sí que constituían un enemigo temible.

Aunque tradicionalmente el comunista sólo ataca cuando le ampara la superioridad numérica, fue precisamente la agresividad fanática de los marxistas lo que obligó a los primeros movimientos nacional-revolucionarios a constituirse en milicias para proteger sus actividades políticas. Los Fasci de Combattimento italianos, las SA en Alemania o la Primera Línea en España nacieron como respuesta a la violencia sistemática que el marxismo desató contra el que pronto intuyó como su principal enemigo: el Fascismo.

Incluso hoy día, la extrema izquierda, antes que cualquier otra cosa se autodefine como "antifascista" a pesar de que los fascistas carecemos de representación parlamentaria y de que estamos estigmatizados socialmente.

Saben muy bien quién es el único enemigo real de este sistema podrido. No olvidan que cuando el régimen criminal de la Segunda República obligó a media España a alzarse en armas contra el comunismo, no hubo Banderas ni Centurias de la opulenta CEDA en los campos de batalla. Los que al final mojaron la oreja al estalinismo fueron las extraparlamentarias Banderas de la Falange.

Y eso les sigue escociendo.

Por eso nos da pena la decadencia de uno de nuestros enemigos naturales. Como hubiera dicho cierto poeta señorito y burgués, se acabaron los rogelios que iban por el monte solos.

El comunista ha dejado de ser el fanático iluminado que lo mismo masacraba millares de católicos, daba matarile a la familia del Zar o se lanzaba en masa contra los carros de la Wehrmacht.

Hoy los curas, empezando por el Papa y salvo contadas excepciones, son los palmeros más complacientes del marxismo.

Las familias reinantes son simples títeres acobardados que sólo aspiran a que los políticos les dejen seguir con sus puteríos y corruptelas.

Y ya no hay ejércitos como la Wehrmacht con una idea imperial para defender la dignidad y la libertad de Europa.

En este putrefacto siglo XXI, los comunistas han dejado de ser los adalides de la clase trabajadora y se han convertido en los mamporreros del multiculturalismo, la ideología de género y el feminismo más disparatado.

En lugar de aguerridas milicias obreras, sólo encontramos "femen", drogadictos, parásitos degenerados, pijoprogres y demás excrecencias burguesas que el padrecito Stalin hubiera enviado en masa a los Gulag de Siberia.

Los comunistas del siglo XXI son estrafalarios figurantes del "orgullo gay" con una camiseta del Che Guevara. El lugar de los lobos hambrientos ha sido ocupado por cotorras gritonas.

Parecen de derechas.

LOS ANTIFAS SON GENTE DE ORDEN.

Resulta conmovedora la urgencia de la fauna podemita en pedir la presencia de las fuerzas del orden cuando pasan de "escrachadores" a "escrachados".

Entonces se olvidan de sus alegatos a favor de la libertad de expresión y, cual señoronas burguesas ante una panda de quinquis, se sofocan, se escandalizan, se asustan y exigen que vengan los antidisturbios.

Una cosa es la libertad de escupir a las fuerzas represivas cuando sus hordas de rasta y botellón rodean el Congreso sabiendo que las gallinitas peperas han dado orden a la policía de no tocarles ni una liendre y otra el libertinaje de que unos peligrosísimos sexagenarios se planten en una reunión podemita en Zaragoza empuñando banderas nacionales y bailando la jota.

Cuando, en esta hora de enanos y basura me asalta el desánimo, me pongo el vídeo de Monedero lloriqueando desde su móvil para que la policía le proteja a él y a sus compinches y se me pasa.

Lo de anteayer en Valencia también tuvo su gracia. Resulta que la ralea separata hizo uno de sus aquelarres en un teatro de la capital del Turia. Es sabido que el rojerío valenciano suspira por ser una colonia de la hipotética república catalana independiente. Como es natural, los patriotas, convocados por la ACIMJI, el MSR y España 2000, se concentran, por un elemental sentido de la dignidad nacional, a las puertas del garito en cuestión. Las aguerridas huestes rojoseparatistas azuzan a sus cachorros para oponerse de forma violenta a la concentración autorizada. Cuando un par de patriotas a pecho descubierto se les enfrenta y les increpa, les falta tiempo para esconderse tras la policía. Ése es el nivel.

Que la ralea pijoprogre sea una banda de mariconas que sólo se envalentona cuando son muy superiores en número tampoco debe llevarnos a menospreciar su hijoputez latente. No hay que olvidar que estos son los mismos que gritan "a por ellos como en Paracuellos". Como sus abuelos ideológicos de los años treinta, lo de batirse en campo abierto no les va mucho pero en sus sueños más húmedos fantasean con "paseos" a medianoche, con "sacas" y con checas. Contra enemigos desarmados son muy feroces

QUIEN PAGA, MANDA.

Ya casi nadie recuerda aquel tiempo en el que la izquierda, en lugar de ser la actual letrina de degeneración y estupidez suicida (ideología de género, apoyo a la islamización de Europa y a la inmigración ilegal, feminismo sicópata, adoctrinamiento homosexual de la infancia, abortismo, etc...), defendía un modelo económico que, en teoría, mejorase las condiciones de vida de los trabajadores. Incluso, aunque hoy parezca increíble, tenía algunos líderes que habían trabajado en algún momento de su vida.

Esta reivindicación de un modelo social y económico más justo era la parte fundamental del discurso de cualquier organización marxista. El resto de reivindicaciones (ecologismo, feminismo...) eran adornos y relleno. Puro marketing para ampliar su base social entre una población cada vez más aburguesada y cobardona atraída por la blandenguería neojipi y su pacifismo bobalicón.

En algún momento, sin embargo, esta base inane y burguesa, toma el mando.

El modelo a seguir deja de ser el miliciano bolchevique combatiendo, fusil en mano, la opresión burguesa y pasa a ser el punki sin duchar y con pocas lecturas. Se cambió el kalasnikov por la litrona y la formación ideológica por el lema facilón y la rima oligofrénica.

Los pijoprogres niños de papá sustituyen a los líderes obreristas y lo que antes era accesorio en el discurso izquierdoso pasa a ser lo fundamental.

Una vaga demagogia, a medio camino entre el buenismo y el resentimiento social, sustituye a las consignas revolucionarias.

En el rebaño guarrete, lo más parecido a la épica es cierta vaga admiración por la pulsión sanguinaria del Che Guevara pero sin renunciar a las comodidades del explotador "Estado del bienestar" demoburgués.

Como señuelo para la agitación social, se pasa de la reivindicación económica al revanchismo histórico. Para el "antifa" actual es más importante cambiar nombres de calles, prohibir símbolos del adversario o derruir monumentos históricos que denunciar la precariedad laboral.

En las manifestaciones rogelias ya no hay obreros insatisfechos o estudiantes revolucionarios, sino feministas de tetas pintarrajeadas, moros de chilaba y subvención o estridentes "transexuales".

Un rebaño chillón que quema banderas sudistas en EE.UU o vandaliza monumentos en España pero que no cuestiona la libre circulación de capitales o la ausencia de soberanía monetaria de los Estados. Una izquierda así es el sueño más húmedo de la Usurocracia.

Siempre me he preguntado qué abyectos sanedrines del NOM y qué hebraica mente depravada pone la pasta para este circo siniestro. Me parece que ya lo sé.

IZQUIERDA UNIDA Y LA VERBENA SIN FIN.

Los de Izquierda Unida no son tan tontos como pudiera parecer a primera vista. Mucha gente pensó que se trataba de una colección de paletos resentidos cuando pasaron de ser la marca blanqueada del viejo y siniestro Partido Comunista a convertirse en una sucursal de tercera regional del nuevo pijiprogresismo podemita.

Pero resulta que, en un alarde de ingenio y astucia, estos parientes pobres del rojerío no se resignan a ser los tontos del pueblo de la progresía y están haciendo un notable esfuerzo para asombrar a propios y extraños con sus propuestas parlamentarias.

Y eso que no es fácil llamar la atención en un contexto como la política española donde el esperpento es cotidiano, la extravagancia es norma, la estupidez es canon y la cochambre seña de identidad.

En España es cada vez más difícil distinguir una cabalgata de reyes de un desfile de bujarrones, una intervención parlamentaria de un monólogo cómico o una manifestación separatista de una charlotada. Y en un contexto así, destacar por escandaloso, o siquiera por grotesco, es realmente difícil. Pero los zurdounidos no se resignan y, como el viejo payaso sin gracia de un circo decrépito, siguen saliendo a la pista a contar chistes que ya no le hacen gracia a nadie. Y eso tiene su mérito.

Ahora que Carmena y sus secuaces están a punto de ganar la Guerra Civil y erigen monumentos a criminales de guerra y torturadores, la vieja marca demodé quiere que en los ayuntamientos se puedan poner cualquier tipo de banderas a troche y moche (siempre que no se trate de banderas franquistas como las de los Tercios o las de las Órdenes Militares, claro está).

Ellos lo hacen para poder lucir su trapete tricolor y tener así un papel, aunque sea de figurante, en el "revival" revanchista que es tendencia de moda y máximo argumento electoral de la izquierda.

Pero, si la propuesta triunfa, y conociendo la fauna que habita en los consistorios patrios, la cosa puede ser curiosa.

No es difícil imaginar todo un muestrario de banderas, banderitas y banderolas del panteón giliprogre (animalistas, feministas, indigenistas, islámicas, transexuales, separatistas y así).

Una verbena sin fin para que a nadie quepa duda de que en la España constitucional, democrática y de derecho, es Carnaval todo el año.

CHARLATANES DE FERIA

Cuando la vida -esa puta a veces adorable y casi siempre desagradecida- empieza a condecorarnos con canas, calvas y michelines, uno empieza a ver las pompas y las obras de la podrida sociedad que le ha tocado en suerte con un irreverente escepticismo que le hace comprender a Jorge Manrique cuando comparaba esas vanidades con "verduras de las eras".

Al escuchar los omnipresentes mantras de la Mediocridad Constitucional y de Derecho ("el menos malo de los sistemas posibles"; "la Constitución que todos los españoles nos hemos dado"; "la monarquía, garante de la unidad de España") es inevitable sentir la misma mezcla de burla y vergüenza ajena que cuando descubrimos el truco a un prestidigitador torpe.

Ante las más risibles y grotescas de esas muletillas ("patriotismo constitucional"; "nacionalidades y regiones"; "soplapollas y soplapollos") en lugar de al ilusionista de baratillo, uno evoca al payaso viejuno de un circo decrépito repitiendo chistes que hace décadas que dejaron de tener gracia.

Todo en la tramoya de la partitocracia huele a feria cutre, a tenderete de trileros, a barracón con olor a vómito y a serrín húmedo donde se exhiben la mujer barbuda y el enano más alto del mundo.

Oyendo a los ganapanes parlamentarios farfullando sus ramplonas intervenciones -plagadas de frases hechas y, en los mejores casos, de coletillas de patán a medio ilustrar- es inevitable asociar la figura de sus Señorías con la de los antañones charlatanes de feria que vendían peines rotos, bálsamos de Fierabrás y mantas apolilladas a base de verborrea mareante.

Dicho sea sin ánimo de ofender a unos tipos que demostraban una perseverancia encomiable recorriendo los poblachos más paletos y las aldeas más cejijuntas para ganarse el jornal. Nada que ver con la deleznable fauna de escaño, dieta y sobresueldo que cobra por apretar botones a toque de silbato y por lamer cipotes a toque de lista cerrada. Pero la impresión de impostura y cuento chino es la misma.

Las mercancías que ofrecen también tienen ese aroma a bazar chino de todo a un euro y esconden, bajo nombres ampulosos y eufemísticos, su falta de calidad y su fabricación chapucera.

Da igual que te vendan un perfume francés que al final resulta ser un ambientador de retrete, un multiculturalismo que no es más que un suicidio genocida o un liberalismo y un libremercado que no son sino los nuevos disfraces de la esclavitud y el caciquismo más rapaces.

Tanto las baratijas del charlatán de rasta y liendre, como las del trilero de traje a medida tienen el mismo hedor a bazofia globalista.

A mierda en estuche de oropel.

EL PROBLEMA

Hace poco, la Colau, ese personaje que cuando habla convierte, por comparación, cualquier gag de los Morancos en un sesudo ensayo filosófico, le quitaba a una calle el nombre de un héroe de la Guerra de Cuba para dedicársela a un pedazo de mierda con ojos cuyo mayor mérito fue proclamar que se cagaba en España.

En Madrid, la Carmena calma sus vetustos ardores y fantasías sobre el negro del wassap colmando de elogios y ayudas a senegaleses asilvestrados.

Los integristas islámicos son mimados, bienvenidos y celebrados por la progresía. Las feministas más repulsivas olvidan su neurastenia ante burkas, lapidaciones, ablaciones de clítoris y demás expresiones multiculturales de la religión de paz.

Los cocougeteros, esa burocracia de parásitos subvencionados que se hacen pasar por sindicalistas, se manifiestan en apoyo de terroristas batasunos y de tramas separatistas.

En Cataluña, no hay cornudo que se precie que no luzca un sedicioso lazo amarillo decorando sus pitones.

No hay enemigo de España que no que no sea apoyado, insulto a los héroes que no sea aplaudido ni tergiversación histórica que no sea coreada por esta piara.

Patrocinada por George Soros, la hijoputez endófoba es la tendencia de moda de esta primavera.

Pero esto no es el problema.

Desde que, tras el pucherazo electoral de febrero del 36 el rojerío cañí gritaba "¡Muera España!" en la Puerta del Sol, si algo ha caracterizado a la izquierda española es su resentimiento antinacional. Esto es algo archisabido.

El problema no es la chusma que, promocionada generosamente por las televisiones, vomita su resentimiento y proclama su incultura.

El problema no son los hijos de puta, sino los necios que por cobardía, pereza o estupidez les dejan hacer.

El problema son los ladrones peperos (valga la redundancia) que, aprovechándose del voto imbécil de los españoles que quisieron terminar con la delirante megalomanía zapaterina, han convertido España en un Corral de Monipodio.

El problema es el caciquismo pesoero que lleva cuarenta años gobernando Andalucía como una República bananera y que ha regalado a la escoria podemita los principales ayuntamientos de España.

El problema son los niñatos oportunistas de Ciudadanos que intentan aprovechar el descalabro de la mafia pepera para darnos ración doble de más de lo mismo.

El problema es una mayoría del pueblo español que, anestesiada y castrada durante décadas por planes de estudio paletos, cursis y sectarios sigue creyéndose lo que dicen los telediarios.

El problema es esa mezcla de pereza mental, garbancerismo pequeñoburgués y catetismo que se suele llamar opinión pública.

El problema es esa España de marujas más preocupada por el gol de Ronaldo o por los falsos másteres de izas, rabizas, cifuentes y colipoterras que por el impune auge separatista en Cataluña.

Decía Spengler que, al final, siempre es un pelotón de soldados el que salva la Civilización.

Lo malo es que los que formamos en ese pelotón somos pocos, proscritos y empieza a pesarnos la edad y el cansancio.

Lo bueno es el empeño que el enemigo pone en perseguirnos, difamarnos y borrar el recuerdo de los que nos precedieron.

Porque es el mejor acicate para continuar la lucha

IDEAS PARA UN GUIÓN.

Ahora que están de moda las teleseries, se me está ocurriendo una idea para un guión que creo que lo va a petar. La cosa va de una familia que parece normal pero que esconde numerosos secretos inconfesables. ¿Que ya está muy visto? Espera y verás: Resulta que el padre de familia es un registrador de la propiedad que, no contento con llevarse crudo un millón de dólares al año (es de euros, pero me ha dicho Netflix que mejor en dólares para una posible versión USA) monta una trama mafiosa de tres pares.

No voy a revelar demasiados detalles para que nadie me robe la idea, pero en la historia hay de todo: extrañas muertes de fiscales, obispos terroristas, alta traición, ministros corruptos... Por ejemplo el prota hace Ministro de Justicia a un amiguete para que suprima el Registro de la Propiedad que le hacía la competencia al suyo en una ciudad imaginaria que se llama Santa Pela o algo así. Esto pasa en la primera temporada, pero se sabe mucho después porque los periodistas no se atreven a decir nada. Y es que el pavo les amenaza con retirar la publicidad institucional de los periódicos si hablan. Ya sé que esto puede parecer poco creíble, pero es que la serie es de ficción. Sigo contándote:

Resulta que también hay un "consigliere" como en el Padrino, pero que acaba en la cárcel y no veas las movidas que tienen que montar para que no hable. Al final, el tipo va hablando y hace que una marquesa que amenazaba con quitarle el poder al registrador se tenga que retirar de la política. Los principales secuaces de la marquesa van también al trullo. Son acojonantes las subtramas que hay para sacar los trapos sucios de la peña.

Hay un capítulo muy cachondo donde, para defenestrar a una mafiosilla local, desvelan que su título académico era más falso que el diario de Ana Frank. Cuando parecía que la cosa iba a ser un escándalo, resulta que todos los cabecillas de las bandas rivales también han falsificado sus historiales académicos y, claro, al final lo del título se queda en nada. Entonces, para hacer que la mafiosilla se pire tienen que montar otro escándalo y no se les ocurre otra cosa que sacar un vídeo en la que se la ve robando bragas en un mercadillo de gitanos. Como en Netflix son tan tiquismiquis con la cosa racista, me han dicho que cambie el mercadillo de gitanos por otra cosa. Ya veré qué se me ocurre, pero no me digas que la serie no es la leche.

En cuanto incluya un personaje negro y otro homosexual para hacer de buenos, Netflix me compra el guión seguro.

Hasta tengo pensado un spin-off en plan de comedia delirante sobre una alcaldesa anciana que tiene una tormentosa historia de sexo interrracial con un mantero que, al final, es el negro del wassap.

LA BRECHA Y LA ESTAFA

Una de las consecuencias más evidentes del liberalismo económico es la brecha creciente entre pobres y ricos. Al desaparecer o minimizarse la mediación del Estado en la economía, las relaciones económicas se convierten en una ley de la selva en la que los peces grandes se comen a los chicos, las multinacionales se comen al pequeño negocio familiar y los derechos sociales desaparecen por arte del birlibirloque leguleyo. Esto no por archisabido es menos grave.

Pero, aunque sea la más evidente, no es ésta la peor brecha de la tramoya capitalista.

Como sabe cualquier trilero, ilusionista, timador o político profesional, para que una estafa funcione hacen falta básicamente dos ingredientes: una puesta en escena creíble por parte del timador y un egoísmo estúpido por parte de la víctima.

Cualquier timo -sea el de la estampita, el del tocomocho o el del libre mercado- se basa en la expectativa de un lucro inesperado a costa de un presunto imbécil.

El "listo" que compra el sobre con estampitas al falso tontito, el "avispado" que adquiere el billete de lotería ful, o el "emprendedor" que abusa de su empleado con salarios de miseria, contratos en prácticas, falsos autónomos y demás argucias, responden al mismo tipo humano. Y todos sufren parecidas decepciones.

Cuando el "listo" abre el sobre lleno de recortes de periódico; cuando el "avispado" comprueba la falsedad del billete de lotería o cuando el "emprendedor" comprueba que, a pesar de su racanería, su negocio no puede competir con el entramado chino o la gran superficie multinacional, ya es demasiado tarde.

Y es que el otro ingrediente de la estafa, la puesta en escena, es cada vez más creíble. Y no porque esté especialmente bien elaborada, sino porque el nivel de credulidad de los "primos" es cada vez mayor.

Porque la auténtica brecha es la que se agranda entre unos tontos cada vez más tontos y unos listos cada vez más sinvergüenzas.

Los timadores han ido modificando sus historias y le han ido cambiando el disfraz al gancho. El tontito de la estampita ya no babea, el paleto del tocomocho ya no lleva boina y el empleado explotado ya no se queja.

Una propaganda omnipresente en medios de difusión, espectáculos y planes de estudio, hace que esté más preocupado por el calentamiento global, los derechos de los invertidos o el lenguaje machista que por su derecho a un empleo digno.

Incluso, en la mejor tradición orwelliana, defiende fenómenos como la inmigración masiva, la libertad de horarios o la subvención a los foráneos que contribuyen a precarizar aún más sus condiciones laborales.

Porque, a diferencia de los ganchos de las otras estafas, en la del libre mercado, el trabajador es tan víctima como el empresario y además, sale mucho peor parado que éste.

Ambos, empleado y empresario son víctimas del peor de los trileros: el que, sin arriesgar, dicta las reglas del juego y alquila el tablero.

LOS PARDILLOS Y LOS TRAMPOSOS

Allá por 1959 se estrenó una película protagonizada por Tony Leblanc, "Los Tramposos", que narraba las peripecias de unos golfos madrileños que viven de la estafa.

En la película, dirigida por Pedro Lazaga, se muestran los diversos tipos de timo desde el tocomocho a la estampita. Especialmente memorable es la escena en la que el gran Tony Leblanc y Mariano Ozores ejecutan esta última variante sobre un paleto recién llegado a la Estación de Atocha.

La eficacia del timo reside en la habilidad para que el pardillo tome una cosa por otra y para que solamente detecte el cambiazo cuando ya es demasiado tarde.

En la España de 2019 el paleto de la maleta es el pueblo español que, en lugar de a la Estación de Atocha, llega al monipodio de falsedades y aberraciones llamado Posmodernidad.

Los timadores ya no son Leblanc y Ozores, sino una ralea mucho menos divertida e infinitamente más dañina: políticos trepadores, periodistas de lametón, banqueros sanguijuelas, oenegés negreras, feministas hirsutas y demás fauna propia de este vertedero políticamente correcto y éticamente putrefacto.

El paleto de la maleta es una víctima facilona porque cree en la existencia real de cosas y conceptos que nunca existieron o que dejaron de hacerlo hace décadas.

El paleto de la maleta sigue creyendo que la izquierda defiende los derechos de los trabajadores y aún no ha percibido el gran cambiazo: las reivindicaciones sociales han sido sustituidas por estupideces de lo más variado y grotesco.

La presunta izquierda ya no lucha por salarios justos o trabajos dignos. En la época de los contratos basura, de los repartidores de comida a domicilio obligados a pasar por falsos autónomos a cambio de salarios de miseria y de los despidos a precio de saldo, las preocupaciones de la progresía son los derechos de los travestis, la capa de ozono o la virginidad de las gallinas.

Si un izquierdista aspira al certificado de corrección política expedido por los sanedrines de la progresía más canónica, ya no debe hablar de nacionalizar la banca ni de lucha de clases, sino que debe ser vegano, defender el derecho de las mujeres a no depilarse los sobacos y de los degenerados a ir en pelotas por la calle el día del "orgullo gay".

No debe pedir la derogación de reformas laborales esclavistas, ni denunciar el saqueo de las arcas públicas sino apoyar la inmigración ilegal, las paguitas a los delincuentes juveniles marroquíes, el aborto y la gratuidad de las operaciones de "cambio de sexo".

Pero si el paleto de la maleta mira hacia la derecha, el tocomocho es similar. Y es que el paleto de la maleta sigue creyendo que la derecha defiende, aunque sea de alguna forma indefinida y vaga, la integridad de la Patria, la dignidad nacional o la tradición cultural de nuestro pueblo.

El paleto de la maleta todavía no se ha dado cuenta de que, en la época de las multinacionales, la globalización y el libre mercado más salvaje, ese conglomerado de intereses económicos, clasismo y cobardía egoísta al que llamamos derecha, ha reducido el patriotismo a la exhibición extemporánea, hortera y chillona de banderas y pulseritas rojigualdas.

Mientras luce orgullosamente su ordinariez, el derechista, incluso en sus versiones más asilvestradas y verdosas, apoya a lobbys sionistas cuyo objetivo es el desmantelamiento de las soberanías nacionales en aras de un globalismo usurocrático.

El derechista, incluso en sus versiones más verdosas, hace aspavientos achulados y se queja de la islamización de Europa pero defiende la libre circulación de personas y capitales.

El derechista, especialmente en sus versiones más verdosas, se emociona viendo desfilar a la Legión pero le parece fenomenal que nuestro Ejército se haya convertido en la fuerza cipaya del imperialismo yanqui en sus guerras del petróleo.

El derechista se queja de la decadencia de la institución familiar, pero está en contra de un salario mínimo que permita a un español mantener a su familia con dignidad.

El derechista, especialmente en sus versiones más verdosas, se manifiesta contra el separatismo pero defiende el sistema constitucional que ha permitido su crecimiento canceroso.

A semejanza de un enfermo que reclamase como medicina el mismo veneno que ha provocado su enfermedad, el derechista, especialmente el más verdoso, vocifera "vivas" a una monarquía corrupta e inepta y a una Constitución nefasta.

El paleto de la maleta, sigue mirando boquiabierto la exhibición de fuegos artificiales, pantomima, farsa y postureo de la democracia parlamentaria y los tramposos lo despluman alegremente.

No falta mucho para que el paleto de la maleta, igual que en la película de Pedro Lazaga, caiga en la cuenta de que lo que le han vendido como derechos fundamentales no son sino recortes de papeles sin valor.

Y entonces, saldrá corriendo detrás de los timadores de escaño y prebenda gritando "¡Me han robao!, ¡me han robao!".

Pero ya será demasiado tarde.

NO OS RIÁIS, JODER...

Ya sé que da risa ver la cara que se les ha quedado a algunos cuando han visto la facilidad con la que los de Vox se han bajado las bragas y han renunciado a sus principios irrenunciables, pero no está bien burlarse, no seáis cabrones.

Yo no me río de la gente que, con más voluntad que acierto, ha votado a los peperos disfrazados creyendo de verdad que iban a cambiar algo.

Tampoco es que los de Abascal disimulasen mucho. En su programa reconocían claramente sus obediencias y no se sonrojaban ni un poquito al decir que cierto Estado ocupa y genocida es "la única democracia de Oriente Medio". Curiosamente, cuando se les señala el detalle a alguno de los fervorosos conversos que decían votar a los verdosos por "patriotismo" solían responder que eso no tenía importancia, que a la gente le da igual lo del sionismo. Que ellos, los votantes del mal menor, eran en el fondo antisionistas, pero que estaban dispuestos a tragar con el besahuevos a los innombrables con tal de echar de la Junta a Susana y a sus Cuarenta Ladrones. Sigo sin ver la diferencia entre que te roben los de la banda de los Eres o los de la Gurtel, pero hay gente muy caprichosa con esto de los colores.

Hay que reconocer que llevaban razón los que decían que el programa, como en cualquier partido democrático, era lo de menos. Pero es que la parte que se han pasado por los huevos ha sido justamente aquélla por la que muchos incautos les habían votado, a saber: la postura -o el postureo- contra la inmigración. Y eso tiene que joder, no me digáis que no.

Hay mucha gente, auténticamente demócrata, que ya tiene asumido que al votar le van a tomar el pelo y no le importa. Allá cada cual con sus perversiones.

Pero en el caso de Vox, ha habido mucho votante presuntamente falangista, fascista o simplemente patriota que ha sentido la necesidad de justificar su giro ideológico cargando contra los que seguimos pensando que cosas como la monarquía borbónica, el libre mercado o la Constitución del 78 son una coyuntura pinchada en un palo o un talante pragmático como el sombrero de un picador. Y esos han sido los más cansinos.

Muchos de los que abandonaron la lucha política en la época del Naranjito (no el de nariz empolvada, sino la mascota del Mundial) nos reprochaban nuestra ineficacia a los que hemos seguido fieles a nuestras ideas. Yo comprendo que es humano querer justificar el chaqueteo con estas "lecciones magistrales de estrategia" pero, la verdad, ya aburren. Si una monja decide meterse a puta está en su derecho y me parece bien. Lo que resulta molesto es que quiera convencer al resto del convento de lo superlista que es por dejar la clausura y de lo supertontas que son las que siguen con el voto de castidad.

Va a resultar extremadamente curioso oír lo que tengan que decir estos estrategas geniales ante la renuncia de los flamantes diputados a todo lo que no olía mal de su programa. Algo se inventarán.

Al final ha resultado que los de Vox son marxistas, pero de Groucho: "Estos son mis principios, pero si no le gustan, tengo otros".

RESOLUCIÓN DEMOCRÁTICA DE CONFLICTOS.

LECCIÓN 1.-

EL POSTUREO TRANSACIONAL Y SUS VENTAJAS. EJEMPLO PRÁCTICO.

Los cobardes hijos de puta forman una hermandad compacta, solidaria, inconmovible. Esta hermandad sagrada está por encima de etiquetas ideológicas y de presuntas lealtades.

La única lealtad de los cobardes hijos de puta es hacia ellos mismos y hacia sus hijoputescos intereses. Esto supone una gran ventaja práctica y facilita enormemente la resolución de conflictos.

Los cobardes hijos de puta todo lo solucionan con diálogo y con acercamiento de posturas. Este método, conocido técnicamente como postureo transacional, es uno de los más sólidos pilares de nuestra ejemplar y pacífica convivencia democrática.

La eficacia del postureo transacional ha sido testada científicamente por las más prestigiosas universidades, consejos científicos y tertulias del corazón. Este avanzado método es utilizado de forma habitual en las más altas instituciones del Estado, en los medios de comunicación, en cuarteles, obispados y en cualquier otro ámbito en el que abunden los cobardes hijos de puta. Los resultados son asombrosos.

Ilustraremos a nuestros pacientes alumnos con un ejemplo práctico:

Si un sicópata amenaza con violar a la mujer y a la hija de un cobarde hijo de puta, éste se apresurará a establecer puentes de diálogo y a acercar posturas con el violador.

Si el violador es otro cobarde hijo de puta, al final aceptará la oferta de diálogo y, en lugar de violar a la hija y sodomizar a la esposa, se conformará con una felación de la suegra, tras la cual, ambos hijos de puta y la suegra darán una rueda de prensa conjunta felicitándose por la pacífica resolución del contencioso.

Y hasta aquí, queridos niños, la lección de hoy. El próximo día hablaremos de

las sorprendentes consecuencias de sustituir a los militares por castrati y a los

bomberos por pirómanos.

UNA LOTERÍA PERVERSA

Hay un cuento de Jorge Luis Borges, La Lotería en Babilonia, que siempre me ha parecido una de las mejores metáforas sobre la partitocracia y sus cansinos tocomochos de urnas y papelitos.

No voy a destripar el cuento por si alguno de los pacientes lectores de EC aún no lo conoce, pero baste decir que va sobre la subordinación de un pueblo entero –una Babilonia mítica- a un juego de azar que rige los destinos individuales de cada ciudadano hasta en sus más mínimos detalles con arbitrariedad a veces grotesca.

El pueblo, convertido en una masa obsesiva y ludópata, hace de esa lotería el centro y razón principal de su existencia. Para hacerse una idea de esta fábula – magnífica como casi todo lo que escribió el malévolo y genial ciego porteño- baste citar un párrafo:

"El babilonio no es especulativo. Acata los dictámenes del azar, les entrega su vida, su esperanza, su terror pánico, pero no se le ocurre investigar sus leyes laberínticas, ni las esferas giratorias que lo revelan."

Si cambiamos "babilonio" por "español" y "dictámenes del azar" por "resultados electorales" tendremos una definición bastante exacta de la actitud del ciudadano medio ante una convocatoria a las urnas.

Décadas de repetitivos mantras en teles, periódicos, aulas y hasta púlpitos – el-sistema-que-los-españoles-nos-hemos-dado...el-menos-malo-de-los-sistemas -posibles...etc- han hecho que casi nadie cuestione la tramoya y los engranajes tramposos que se esconden tras el telón electorero.

Con sumisión ostentosa, los españoles -agradecidos por las migajas que los amos del cotarro hacen pasar por poder de decisión- tragan sin pestañear las ruedas de molino de las listas cerradas, el valor variable de los votos según la ubicación geográfica del votante y la necesidad de avales y firmas para que las minorías disidentes nunca dejen de serlo.

Con un papanatismo admirable, los votantes parecen creer en la honestidad de los charlatanes que figuran en las listas de misteriosa composición y arcano criterio que echan en la urna. O, peor aún, asumen la más que dudosa ralea moral de los elegidos con resignación fatalista.

Con bobalicona ingenuidad o con cínico autoengaño, los votantes mantienen la ficción de que los pájaros agraciados con un escaño o un sillón ministerial van a actuar movidos por el interés general y no por las instrucciones de los poderes financieros y empresariales que han financiado sus carísimas campañas.

Con una fe casi religiosa, los españoles asumen que cualquier decisión que tomen los apoltronados "representantes de la soberanía nacional" por muy disparatada, estúpida o malvada que sea, es legítima.

Con mansedumbre de cabestro, los votantes no cuestionan el hecho de que sean artificiales y oscuros grupos de intereses llamados partidos políticos los que se interpongan entre los ciudadanos y sus unidades naturales de convivencia –su trabajo, su barrio, su familia...- a la hora de decretar legitimidades y representaciones.

Con el aspaviento ostentoso del esclavo que quiere congraciarse con sus amos, los votantes biempensantes manifiestan su reglamentaria repulsa a los que creemos que el más noble destino de toda urna es el de ser rota.

CONSTITUCIÓN, CLOROFORMO Y PAPEL MOJADO.

Acabó, por fin, el soporífero Día de la Marmota Constitucional y sus artificiosas, horteras e impostadas pompas y celebraciones. Lo más triste de la ceremonia zombi es ese invento que los beneficiarios del timo del 78 se han sacado de la manga como coartada para su inanidad pusilánime: el "patriotismo constitucional".

La primera vez que oí la expresión no pude evitar hacer un chiste sobre monjas prostitutas como ejemplo de incompatibilidad entre dos conceptos antagónicos. El chiste quedó obsoleto cuando se hizo famosa cierta religiosa porteña feladora del separatismo catalán.

El "patriotismo constitucional" es un sucedáneo del patriotismo sólo apto para el consumo de castrados y marisabidillas con cargo público. Una especie de "la puntita nada más"que sirva como condimento presuntamente enérgico al insípido guiso demócrata de lo estúpidamente correcto. Un aditamento prescindible en ese discurso que considera la unidad de España como algo que se puede decidir con votos, escaños y demás enjuagues de superstición aritmética.

La cosa no pasaría de ser la enésima ridiculez de los mediocres con escaño y sueldazo si no fuera el máximo argumento que esgrimen contra el crimen separatista.

Mientras el separatismo enquistado en las instituciones autonómicas adoctrina desde televisiones, escuelas, institutos y guarderías en el odio a España, los biempensantes, demócratas y lamelibranquios de cóctel y besahuevos cortesano farfullan sus loas a un papel mojado que es, en última instancia, el responsable de haber engordado al secesionismo.

Lo que realmente les aterra no es el talibanismo antiespañol del separatismo. Saben que los cabecillas son tan cobardes como ellos mismos y que maman de la misma teta y se divierten en la misma logia.

Lo que les pone realmente nerviosos son los cientos de miles de españoles que, enarbolando la bandera nacional, han plantado cara recientemente a los despedazadores.

De momento han conjurado el peligro de que cuaje el auténtico patriotismo español descafeinando la movilización con su cloroformo constitucional. Pusieron delante de las manifestaciones a sus voxeros, denaeros y demás patriotas de chichinabo paradifundir la consigna tranquilizadora de que, en realidad, los españoles no se manifestaban para defender su soberanía y su integridad territorial forjada a lo largo de siglos de Historia, sino para reivindicar el acuerdo de los trileros de 1978. Lo malo es que hay quien se lo ha creído.

EL SEPARATISMO ES UNA PELI DE MAFIOSOS.

Los trileros que diseñaron aquel gran timo que se llamó Transición idearon un ingenioso sistema para permanecer en el poder. Con las bendiciones y patrocinio, naturalmente, de todas las logias, mercados comunes y bilderbergs usurocráticos como Kalergi manda.

Gracias al control de los medios de comunicación y al borreguismo de la clase media española, este sistema ha dado jugosos beneficios a sus creadores a costa de convertir España en un puzzle burocrático, de privatizar las grandes empresas públicas y de cargarse todos los avances sociales conseguidos en la época de Franco.

Una de las piezas clave en la tramoya que permitiría repartirse España como una tarta era contentar a las oligarquías vascas y catalanas -tradicionalmente antiespañolas en su egoísmo burgués- a cambio de garantizarles una parte sustanciosa del pastel.

Como en una película de Coppola, los capos de las diversas familias firmaron un acuerdo: los pactos de la Moncloa. En virtud de los mismos, los Corleone peperos (entonces ucederos) y los Tattaglia pesoeros se repartieron el pastel con el apoyo de las bandas periféricas: La Cosa Nostra peneuvera y la Camorra catalanista.

A cambio de toda clase de concesiones, prebendas y bajadas de bragas por parte del Gobierno de España, las fuerzas de la burguesía periférica se comprometían a mantener a raya a las presuntamente nutridas y aguerridas huestes separatistas.

Como principal baza, argumento y medida de presión en el caso vasco estaba la banda asesina ETA que ya había servido en 1973 como brazo ejecutor en el asesinato de Carrero Blanco y que, para mantener la hegemonía peneuvera en las provincias vascas, asesinaba a cientos de inocentes todos los años.

Aunque, como de momento las víctimas eran militares y policías, los gobiernos democráticos y de derecho tampoco es que se inquietasen mucho. Cuando empezaron a matar concejales la cosa cambió y entonces negociaron una "tregua". La tregua consistió básicamente en sentar a los asesinos en concejalías vascas y navarras.

En el caso catalán, en la mejor tradición de la patronal barcelonesa, también hubo bandas de pistoleros. Se llamaron Terra   Lliure y asesinaron cuando hubo que negociar concesiones para la flamante autonomía.

Pronto dejaron de hacer falta porque los sucesivos gobiernos ucederos, pesoeros y peperos colmaron de competencias, diezmos, felaciones y besahuevos a la banda del capo Jordi Pujol.

A cambio de estos favores, la "famiglia" catalanista apoyaba a los caciques de Moncloa independientemente de su color.

Una ley electoral trucada con el birlibirloque D'Hont –trampa digna de Fu Manchú– permitió a estos marrajos perpetuarse en el poder durante décadas. Sus jefes –los de verdad: polancos, botines, koplowitz y similares– no tuvieron que hacer demasiados cambios en la nómina de sus lacayos en estos años para seguir controlando el negocio.

Pero, como en las pelis de mafiosos, la ambición desmedida hace que se joda el invento. El Padrino Pujol robó más de la cuenta y sus escándalos hicieron perder el poder a su familia en la taifa catalana. El vacío de poder fue llenado con el ascenso de otras bandas más asilvestradas en su sectarismo separatista.

Sus huestes han sido adoctrinadas durante cuarenta años en el odio a España que, gracias a la generosa financiación autonómica y central, se difunde en Cataluña desde periódicos, teles, aulas, guarderías y púlpitos.

Afortunadamente, la cabaña de militantes separatistas está más cerca de la troupe de payasos que de la partida de guerrilleros.

El espectáculo de sus cabecillas huyendo a retiros dorados en Europa tras su intentona del 1 de octubre o el de los gilipollas que se visten de mamarracho y, con sus lazos amarillos y su victimismo impostado, hacen el ridículo por las calles catalanas, los sitúa más cerca de la charlotada que de la rebelión trágica.

No obstante, como lo que hay en la Moncloa es otra cuadrilla de payasos aún más patéticos y cobardes, lo más heroico que se puede esperar si llega la hora de batirse el cobre por la unidad de España es una pelea de almohadas.

Y lo peor es que, al contrario que en las pelis de mafiosos, no se vislumbra la posibilidad de que llegue un Elliot Ness a meter en vereda a esta chusma.

Y si llegase, lo procesarían por delito de odio.

"FINIS HISPANIAE".

PRÓXIMAMENTE EN SUS PANTALLAS, Y ATAÚDES.

Ya está próximo el estreno de lo que la crítica considera el drama más impactante de las últimas décadas. Su guión fue prolijamente trabajado durante años.

Aunque muchos siguen creyendo que se creó en congresos y senados, en realidad fue escrito en logias, sanedrines, sacristías y consejos de administración.

Su presupuesto, digno de una superproducción, ha sido destinado en su mayoría a la promoción publicitaria, lo que ha obligado a contratar a actores mediocres que, a pesar de su zafiedad, han desempeñado su papel de forma bastante convincente.

Aunque algunos ya atisbamos hace mucho tiempo lo previsible del desenlace, la hábil campaña de marketing de los productores -silenciando sistemáticamente a los que descubrimos el engaño- ha conseguido mantener la sorpresa para la mayoría del público.

La obra, a medio camino entre la farsa siniestra, el thriller y el disparate granguiñolesco, no es apta para estómagos sensibles y la mayoría de sus peripecias son obscenas y grotescas.

Como en una siniestra comedia de enredo, ninguno de los personajes es lo que parecía al principio y, a medida que se acerca el final de la farsa, el espectador es sorprendido por inesperados giros de guión.

Así, por ejemplo, lo que muchos tomaron por un Jefe de Estado, se descubre que al final es un simple pelele relleno de paja; los obispos resultaron ser simples sicarios disfrazados al servicio del mejor postor; los figurantes que, como militares y policías parecían que iban a ser un factor decisivo, son maniatados por las órdenes de un bufón –la Trotona– que, a pesar de sus insulsos diálogos, al final resulta ser un personaje clave.

En el otro bando, el de los criminales propiamente dichos, se da una curiosa mezcla entre lo ridículo y lo espeluznante. Los efectos especiales son de serie B: el flequillo cortado a hachazos de una de las brujas, la versión obesa y ojifloja del ogro Shrek o la fregona que luce el villano principal a modo de peluca ponen de manifiesto que todo el presupuesto en maquillaje fue destinado al cameo que hace el maestro Yoda, uno de los iniciadores de la trama, antes de desaparecer con el botín.

Quizá lo más obsceno y macabro de la trama sea el lavado de cerebro sistemático a los niños en colegios y guarderías. Niños que serán utilizados como escudos humanos en el tramo final.

Aunque el final de la obra aún no ha sido revelado, lo sospechamos trágico, triste y vergonzoso. Hay quien habla de un final alternativo que podría arreglar a medio plazo el desaguisado pero los guionistas independientes que estamos trabajando en ello aún no hemos solventado el problema del excesivo número de lanzallamas, kilómetros de soga y toneladas de ricino para evitar el desastre en la escena final.

NO ES LA CONSTITUCIÓN, IDIOTA.

El proceso separatista ha tenido un efecto inesperado y molesto tanto para los sediciosos del Palacio de la Generalidad como para los cobardes y traidores del Palacio de la Moncloa. Contra todo pronóstico, una Nación adoctrinada en la ignorancia abúlica y en el desprecio a la propia Historia, se ha echado a la calle enarbolando su Bandera.

Ver los balcones españoles cuajados de banderas nacionales sin que haya por medio un evento deportivo es algo insólito en el emasculado, ñoño y pusilánime régimen surgido a raíz de esa conspiración de trileros que se llamó Constitución de 1978.

Para encontrar un precedente a los cientos de miles de banderas de España que se dieron cita, por ejemplo, el pasado sábado en la Plaza de Colón y alrededores hay que remontarse a las concentraciones patriotas en la Plaza de Oriente de los primeros años ochenta.

Ver a los españoles defender espontáneamente su integridad territorial es algo que siempre ha aterrado a demócratas profesionales, liberales lamecipotes y demás ralea al servicio de la finanza.

Les trae ecos de otras fechas – el 2 de Mayo de 1808, el 18 de Julio de 1936...- en las que el pueblo español se pasó por la entrepierna la nefasta legalidad establecida y se alzó en armas, alegre y generoso, para defender la Patria.

La Patria. Un concepto y un sentimiento que está muy por encima de los ordenancismos leguleyos y las constituciones tramposas en las que los vividores de la política y los siervos de la usura sustentan su chiringuito.

Por mucha loa del "patriotismo constitucional" y demás chuminadas difundidas por las telebasuras, la gente no se alza en armas por una ley rimbombante y vacía que, en última instancia, es la responsable del proceso de descomposición nacional que estamos sufriendo.

Ni siquiera los beneficiaros y artífices del invento moverán su cornamenta para defender la tramoya más allá de declaraciones institucionales eufemísticas y vacilantes.

Quien quiera ver en las concentraciones patriotas de estos días un interés partidista o una defensa de papeles mojados o de instituciones fenecidas o agonizantes, se equivoca de medio a medio.

Las terminales de la periferia pepera –Vox, Denaes, FAES y demás negociados sionistas- hacen lo imposible por manipular y desviar hacia su molino las aguas de la espontánea movilización contra el separatismo. Quizá lo consigan entre cierta burguesía mediocre y pusilánime que, ayuna de lecturas, teme al desorden más que a la ignominia.

Pero, seamos realistas, las cientos de miles de banderas que ondean en plazas y balcones, las movilizaciones que en Cataluña y en el resto de España

desafían a la mafia separatista y a sus asilvestradas hordas cuperas, no lo hacen porque sean fans incondicionales de la estirpe extranjera de Zarzuela ni de las ventosidades leguleyas de la Carrera de San Jerónimo.

Las banderas que ondean en los barrios obreros, en las sucias calles degradadas por la inmigración o en los polígonos industriales depauperados por la rapacidad fiscal no las han puesto los lamedores de cipotes circuncidados, ni los palmeros y "voxeros" de la élite financiera desde putrefactas fundaciones y sanedrines.

España está despertando del letargo inducido por décadas de cleptocracia parlamentaria. La cuestión es si volverá a amodorrarse o no por el zumbido de los carroñeros moscardones constitucionalistas.

En esas estamos.

TABARNIA YA ES UN CHISTE VIEJO.

En el sainete separatista, con sus payasos tontos enjaulados y sus payasos listos saliendo por patas, con esa madama de puticlub porteño disfrazada de monja o esa perroflauta quitándose las liendres para poder entrar en Suiza, todo ha tenido un aire como de astracanada zafia.

Incluso los aspectos más sórdidos y desagradables, como la vomitiva hijoputez de los obispos catalanes, no dejan de tener la gracia siniestra de un regüeldo de humor negro.

Las huestes subnormalizadas del lazo amarillo, con sus ridículas y estridentes exhibiciones, más cercanas al cotolengo que a la manifestación política, invitan al choteo y a la pedorreta.

Es normal que, como reacción a la payasada separata surgiera otra payasada, Tabarnia, que, en su momento, tuvo gracia.

En el circo siniestro de la democracia parlamentaria hay que cambiar de vez en cuando de payasos para que el público no se aburra y, bufón por bufón, es mucho más gracioso Boadella que Rajoy o que Puigdemont, las cosas como son.

Sobre todo al principio, antes de que los cederres mostrasen claramente su agresiva sicopatía y antes de que el bufón del pelo ridículo fuese sustituído por un energúmeno fanático con aspecto de psicokiller de serie B.

Pero Tabarnia, como esos chistes que inundan nuestras cuentas de wassap después de que los hayamos visto cientos de veces en Twitter o en Facebook, en lugar de hacer gracia, ya aburre.

Hace unas décadas, a los niños que asistíamos a aquellos espectáculos "cómico-taurino-musicales" que se dieron en llamar charlotadas, -anticipo, símbolo y preludio de lo que sería la política española desde la Transición- lo que menos nos gustaba era el número del "torero serio", generalmente un novillero que aprovechaba la concurrencia del espectáculo cómico para mostrar su talento. Nosotros lo que queríamos era ver a los enanitos y reirnos con sus gracietas y cabriolas.

Los tabarnios son enanitos toreros que han empezado a creerse matadores de verdad. Ya pontifican sobre estrategias, alardean de corrección política y hablan de "transversalidad" y de rechazo a los extremismos como cualquier marrajo parlamentario. Incluso quieren asumir ese oxímoron que otros payasos de nariz empolvada y oportunismo anaranjado llaman "patriotismo constitucional".

Ya va siendo hora de que alguien les diga que las inofensivas vaquillas de la ganadería del Puchi están dando paso a unos peligrosos mansos cornalones y malintencionados. Ya no hacen falta enanitos haciendo cabriolas y monerías constitucionales sino diestros con los cojones en su sitio para manejar el estoque.

YO QUIERO QUE ME DERROTE SORAYA.

Igual que aquellas viejas folclóricas que, cada cierto tiempo, se inventaban un nuevo romance, una boda o un divorcio para conseguir portadas en las revistas del corazón, la ETA, esa folclórica puta, siniestra y sanguinaria de pasamontañas y tiro por la espalda, saca de vez en cuando algún comunicado para que se siga hablando de ella.

No quiere que las nuevas putillas de lazo amarillo y estelada le resten protagonismo. Oiga, que aquí la que empezó a romper España fui yo - parece decir la vieja ramera aranista- a ver si va a resultar que ahora vienen estas pijillas con sus novios cornudos, su discurso subnormal y su victimismo de opereta y se cuelgan la medalla cuando España pete.

Resulta que los hijos de perra que, a golpe de coche bomba, agitaban el árbol del asesinato para que Arzallus y su banda recogieran las nueces dicen ahora que piden perdón a algunas víctimas. No a todas ¿eh?, sólo a las que no tenían "partcipación directa".

La estrategia rajoyana de "la puntita nada más" está de moda hasta en los ambientes más sórdidos.

Igual que pasaba con los montajes de las folclóricas, la declaración de los asesinos está sirviendo para que en las peluquerías, mentideros y tertulias del Patio de Monipodio Social y de Derecho, todas las marujas de ambos sexos comenten la noticia.

En un país donde cualquier marisabidilla culibaja tiene pretensiones de estadista, la Vicepresidenta del Gobierno se ha apresurado a decir que claro, que la ETA está derrotada y que si el Estado de Derecho por aquí y que si esto y lo otro.

Oyendo a esta tía y viendo a los etarras en las alcaldías de ciudades vascas y navarras, controlando la educación y haciendo homenajes a asesinos múltiples cuando se les pone en la punta del nabo, yo, la verdad, quiero que me derrote Soraya.

"1984". CLARIVIDENCIA EN ORWELL.

A medida que la dictadura del Pensamiento Único se va imponiendo sin apenas oposición, asombra cada vez más la capacidad de predicción que tuvo George Orwell en su novela "1984".

La crítica más superficial ha venido interpretando la obra simplemente como una crítica al estalinismo.

Orwell fue testigo en la Guerra Civil de la brutal represión que el PCE, por orden de Stalin, ejerció contra los trotskistas del POUM, asesinando y torturando a cientos de sus militantes. Esa experiencia abrió los ojos del escritor sobre la verdadera naturaleza del régimen soviético y, evidentemente, en "1984" hay mucho de retrato de la tiranía comunista.

Pero la novela va mucho más allá de una coyuntural crítica al comunismo para anticipar, con clarividencia asombrosa, los rasgos más importantes del modelo social que, desde 1945, los vencedores de la Segunda Guerra Mundial están imponiendo al mundo.

Es precisamente ahora -cuando la ingeniería social planificada en escuelas de Frankfurt, opensocietys, bilderbergs y demás sanedrines del dogma políticamente correcto está permeando todas las convenciones sociales- el momento en que resulta más evidente el paralelismo entre los rasgos de la distopía orweliana y las características de la sociedad occidental posmoderna.

Neolengua.

A semejanza de la Neolengua del régimen orwelliano del Ingsoc, el lenguaje llamado "inclusivo" extiende sus estrambóticos términos y estupideces sintácticas entre capas cada vez más amplias de la población.

Las cursilerías, muletillas y frases hechas de la neolengua políticamente correcta -circunscritas hasta hace poco a la jerga de los políticos profesionales y "sindicalistas" subvencionados- ya se pueden escuchar en boca de presentadoras de telebasura, comentaristas deportivos, marisabidillas de tertulia y todo tipo de analfabetos funcionales de los que abundan en "reality shows", programas de cocina y concursos de cantantes.

Tanto los dirigentes de la ficción orwelliana como los actuales poderes que rigen la sociedad son conscientes de que quien controla el lenguaje, controla el pensamiento.

Lejos de ser una moda estúpida, las neopalabras del Pensamiento Único ("heteropatriarcado", "género" en vez de "sexo", "este país" en vez de "España"…) condicionan los conceptos y consagran el maniqueísmo dogmático de la corrección política.

Asimismo, la neolengua sirve para satanizar a cualquiera que cuestione sus dogmas mediante términos descalificadores creados a medida para cada polémica ("homófobo", "xenófobo", "machista" incluso "gordófobo"…) Aunque lindante con el surrealismo más absurdo, el nuevo lenguaje gregario se extiende imparable incentivado por el miedo a ser señalado con alguno de estos términos.

Los Dos Minutos de Odio

Orwell describe la ceremonia de "Los dos minutos de odio" como la emisión diaria de imágenes de enemigos del régimen a las que es obligatorio abuchear y mostrar el odio más absoluto.

Viendo la parrilla de programación de algunas cadenas de televisión, "canales historia" y "discoverysmax" se puede observar esta monomanía del odio sistemático contra lo que el régimen considera su peor enemigo. En la ficción es un tal Enmanuel Goldstein (trasunto de León Trotsky, cuyo verdadero apellido era Bronshtein).

En la realidad, el enemigo que se nos presenta como la suma de todas las maldades -no durante dos minutos diarios sino de forma prácticamente permanente-, el malvado cuya imagen se ha convertido en sinónimo de lo absolutamente perverso y al que la industria del cine ha consagrado como el villano de todas las historias es, hoy día, alguien tan famoso como desconocido. En el imaginario colectivo, la verdad sobre el personaje está definida por los guionistas de Hollywood en lugar de por la realidad histórica.

No hace falta nombrarlo para saber que nos referimos a alguien cuyas iniciales coinciden con las de Alfred Hitchcock.

El control del correo

En "1984", las comunicaciones personales están controladas por el Estado. Orwell anticipó las herramientas de software que actualmente espían nuestros correos electrónicos, mensajerías instantáneas y búsquedas en Google.

Y anticipó algo mucho más preocupante: la indiferencia de los usuarios ante la violación sistemática de la privacidad que empieza a asumirse como una molestia inevitable.

El ciudadano medio no cuestiona el control de sus datos a pesar de que cada cierto tiempo se promulguen leyes que, presuntamente, protegen dichos datos personales y que, lejos de conseguir su objetivo, sólo sirven a la postre como incordios burocráticos.

Ya no hacen falta complejos sistemas de espionaje ni "stasis" funcionando a destajo para recopilar datos personales. Gustosamente, el siervo tecnológico actual detalla vanidosamente en sus redes sociales hasta los más intrascendentes acontecimientos de su existencia. Y los diversos zuckerbergs y similares se siguen haciendo millonarios vendiéndolos a multinacionales y gobiernos.

Policía del Pensamiento y Crimental

En la novela se describe a un cuerpo policial encargado de detener y castigar a cualquiera que sostenga una opinión considerada contraria al dogma oficial. El mismo hecho de pensar es considerado delito, llamado "crimental".

Si sustituimos "Policía del Pensamiento" por otro término de curiosas resonancias orwellianas como Fiscalía del Odio o por las "Normas Comunitarias de Facebook" entenderemos la encarnación en nuestra realidad de la inquisición intelectual que anticipó Orwell.

En España no sólo se suspenden cuentas en las redes sociales de la forma más arbitraria y sectaria. Se cierran librerías, se encarcela a libreros y se destruyen libros en base a denuncias de ciertos grupos de presión, antaño considerados maestros de la mentira y hoy convertidos en árbitros inapelables del pensamiento obligatorio.

El crimental ahora se llama "delito de odio".

Telepantallas

Un elemento fundamental en la trama de "1984" es la omnipresencia de las "telepantallas", intuición genial de lo que sería la influencia televisiva como herramienta de propaganda y control social.

George Orwell escribió su novela entre 1947 y 1948. Sorprende la anticipación casi profética de lo que en esa época era una tecnología todavía incipiente.

En la actualidad, el paralelismo con la telepantalla orwelliana no se establece solamente con la televisión convencional sino con la multitud de pantallas (móviles, tablets, ordenadores…) que mantienen hipnotizado al ciudadano medio durante cada vez más horas diarias.

Una característica de las telepantallas de "1984" era la imposibilidad de ser desconectadas.

El Gran Hermano tecnológico ha llegado un paso más lejos que la distopía de Orwell. Las telepantallas reales pueden desconectarse, pero nadie quiere hacerlo.

El peor drama que puede ocurrirle al domesticado ciudadano democrático es quedarse sin cobertura o sin acceso a internet.

Lo que provoca las peores pesadillas del hombre occidental es el temor a no poder compartir el último chiste malo, el oligofrénico vídeo de gatitos graciosos, la más reciente y ñoña frase de Paulo Coelho o la foto de su merienda en las redes sociales.

El Gran Hermano ha vencido.

CAVERNA Y POSMODERNIDAD.

Cuando Platón en "La República" describió aquella magnífica alegoría que se dio en llamar "Mito de la Caverna", quizá no podía imaginarse hasta qué punto su metáfora constituiría la mejor definición de la sociedad occidental en el siglo XXI.

Para los damnificados por la LOGSE, hay que aclarar que en dicha alegoría el sabio griego describe a unos hombres encadenados desde su nacimiento en el fondo de una caverna. Estos hombres carecen de la capacidad de mirar hacia otro lado que no sea una de las paredes de la caverna en la que, a modo de sombras chinescas, sus carceleros proyectan diversas imágenes que los encadenados toman como única referencia de la realidad en la que viven.

Las sombras que el europeo actual ve proyectarse en la caverna virtual y omnipresente de los medios de comunicación, redes sociales, libros de texto y espectáculos han dejado de ser una simple distracción con la que el esclavo/consumidor olvida que está encadenado y, en las últimas décadas, han devenido en dogma de obligada creencia cuyo simple cuestionamiento lleva aparejadas las más severas sanciones y el general reproche social.

Esto no es casual. Desde los distintos sanedrines del marxismo cultural, generosamente financiados por los soros y kalergis de la ralea globalista, se ha diseñado un programa de ingeniería social encaminado a convertir al hombre blanco en entusiasta palmero de su propia destrucción.

Así, desde el jardín de infancia, al niño europeo se le inculca, por ejemplo, un histérico rechazo de la violencia sin que se le permita considerar aquellos casos en los que el uso de la fuerza está justificado moralmente. Los casos de acoso escolar, muchos de ellos de trágicas consecuencias, son consecuencia de este fomento de la cobardía en los escolares.

Mientras se castra mentalmente a la infancia europea, se inundan las aulas de Europa con multitudes inmigrantes provenientes de culturas arcaicas y subdesarrolladas que asumen un sistema de valores distinto -cuando no opuesto- a los de nuestra tradición cultural.

El niño europeo se ha convertido en un obeso y pusilánime llorica, víctima ideal para las bandas de inmigrantes que dominan los patios de recreo. A diferencia de sus padres y abuelos, el escolar europeo es incapaz de dirimir a bofetones sus disputas, para alegría de psicólogos infantiles y de sus compañeros de clase llegados de culturas menos hipersensibles.

A esta población exógena no sólo no se la intenta domesticar - como a la población europea- con los complejos y cursilerías de lo políticamente correcto, sino que se fomenta que imponga sus usos y costumbres por muy bárbaros y salvajes que sean éstos.

Con una desfachatez digna del paradigma orwelliano del "doblepensar", la ortodoxia políticamente correcta de la posmodernidad admite y promueve que se adoctrine a los niños en el talibanismo feminista más delirante y se imponga su estúpida neolengua ("miembros y miembras", "empoderar", "patriarcado" y demás palabros ridículos) a la vez que subvenciona generosamente a la cultura que más denigra a la mujer con burkas y lapidaciones y que consagra como norma religiosa la sumisión de la mujer al varón.

En los colegios europeos, las moritas pueden, por ejemplo, asistir ataviadas con vestiduras medievales a unas aulas en las que se adoctrina sobre transexualismo, feminismo y demás disparates de la más canónica y pervertida ideología de género.

Al europeo se le enseña, desde telediarios, series de tv, y hasta anuncios publicitarios, a odiar su propia Historia. y a sentirse culpable de todas las desdichas y catástrofes que padecen otras razas y culturas.

En España, siempre más papista que el Papa, esta endofobia se lleva a extremos delirantes como cuando, en algunas regiones españolas, se adoctrina a los escolares en el odio a su Patria y se les prohíbe incluso utilizar el idioma español en los colegios, todo ello con el aplauso traidor o la cobarde inacción de una clase política moralmente putrefacta.

Al europeo se le adoctrina en el auto-odio y se le anima a la desaparición.

En lugar de asesinar a grandes masas de población -como hicieron, por ejemplo, los turcos con los armenios- al Nuevo Orden Mundial le resulta más barato y eficaz que sea la propia raza a extinguir la que aplauda las medidas que la harán desaparecer a medio plazo: mestizaje, aborto, fomento de la homosexualidad, etc.

El objetivo: Una sociedad de esclavos obedientes

EL ERROR DEL CORNETA

Diciembre de 1836. Los batallones carlistas del General Eguía sitian Bilbao. En la orilla derecha de la ría, los carlistas han fortificado sus posiciones en altura. Las tropas liberales de la orilla izquierda, mandadas por Espartero, se estrellan una y otra vez contra el férreo cerco. El puente de Luchana se convierte en el principal objetivo estratégico.

El isabelino General Oraá, Jefe de Estado Mayor de Espartero, emprende un ataque masivo el día 24 bombardeando el puente y su fortín. Aunque los liberales logran cruzar, la defensa carlista es feroz. Despreciando la superioridad numérica y de potencia de fuego de los isabelinos, los carlistas los obligan a retroceder. La batalla es cruenta. El propio Oraá cae herido. Los dos bandos están agotados. Espartero, que, enfermo, había dirigido las operaciones desde la cama, decide visitar el frente ante la gravedad de la situación.

Al comprobar el agotamiento de sus tropas y el gran número de bajas da por finalizada la operación y ordena retirada.

Cuenta la leyenda que el corneta se equivocó y que, en lugar del toque de retirada, dio el toque de carga.

Al escucharse este toque en las también desangradas filas carlistas, éstas se temen una nueva ofensiva que, dado el estado de sus fuerzas, los aniquilaría definitivamente. El mando carlista ordena replegarse.

El error del corneta había conseguido levantar el sitio de Bilbao en la Primera Guerra Carlista.

Y es que hay veces en las que el propio quebranto nos impide apreciar el desgaste del enemigo.

Desde que el frentepopulismo revanchista se ha encaramado al poder, la persecución contra el sector patriota parece que no puede tener otro fin que nuestra definitiva aniquilación.

La chusma apoltronada en las instituciones ha levantado la veda contra el patriotismo y con sus selectivas memorias históricas, sus sectarias fiscalías del odio, sus disparatadas neolenguas de género y sus inquisiciones políticamente correctas, camufla con un barniz de legalidad su feroz rencor y su ensañamiento cobarde.

Profanar las tumbas de los héroes, borrar sus nombres de las calles o ilegalizar cualquier institución que no comulgue con sus estalinistas ruedas de molino es algo que empieza a ser aceptado como inevitable por el anestesiado pueblo español.

Que se considere el franquismo como el peor de los males posibles sin mezcla de bien alguno o que se persiga de forma inícua a los patriotas parecen ser cosas tan inexorables en el devenir histórico como la precariedad laboral, la celebración de Jalogüin, o la estupidez malvada de Pedro Sánchez y sus secuaces.

Como Espartero en la Batalla de Luchana, algunos patriotas creen que, con la que está cayendo, lo mejor es retirarse a imaginarios cuarteles de invierno e incluso, poniéndose una pinza en la nariz, cobijarse bajo las verdosas banderas de cierto sucedáneo patrocinado por el sionismo.

La iniquidad de la persecución no nos deja ver que el enemigo se está dejando pelos en la gatera. Su ineptitud para gestionar la economía, su demagogia ante la invasión inmigrante, su cobardía y complicidad ante el problema separatista o su corrupción y rapiña generalizadas les hace estar más agotados políticamente de lo que nos creemos.

Y, en cualquier caso, siempre es mejor caer peleando y exhibiendo nuestras banderas sin complejos que retirarse intentando contemporizar con un enemigo que no hará prisioneros.

Necesitamos un corneta que se equivoque.

EL HOMBRE DE LA BANDERA

Hay imágenes que son el símbolo de una época y que expresan un espíritu y un talante mejor que los más elocuentes discursos. Esa imagen es la de un hombre, sereno y firme, que sostiene una bandera y que saluda militarmente al monumento en memoria de un héroe.

Quizá lo de menos sea que la bandera que enarbola es la de los Estados Confederados de América, que el uniforme que viste es el gris de los Caballeros del Sur y que el monumento al que rinde honores es el del General Lee en Charlottesville, monumento que los fanáticos y los resentidos quieren derribar.

Lo que hace que ese hombre, en ese momento, nos represente a todos los que no comulgamos con los dogmas globalistas del Pensamiento Único es la chusma que lo provoca y lo insulta. El hombre de la bandera está rodeado por una abigarrada fauna de progres, maricas, negros y feministas, la misma clase de gentuza que en latitudes más próximas también derriba monumentos de héroes y quita el nombre de mártires a calles y plazas. La escoria progre de siempre. La versión made in USA de los talibanes de la Memoria Histórica.

Frente a las provocaciones obscenas de la gentuza que busca, sin duda, el titular y la foto sensacionalista de la respuesta enérgica que sin duda merece, el hombre de la bandera confederada permanece impasible y digno en su actitud marcial.

En esa imagen, la de la gallardía y la nobleza frente a la provocación y el insulto, se resumen dos talantes y dos cosmovisiones antagónicas: la de los hombres de honor que defienden su Historia, su Raza, su Cultura y su Identidad frente a la masa amorfa, demagógica y vociferante que pretende imponer a golpe de piqueta su visión chata, multicultural, soez y degenerada de la sociedad.

Da igual que la estatua sea la del General Lee. Podría ser la de Yagüe, la de Onésimo, la de Muñoz Grandes, la de los Héroes de España en Melilla o la de Millán Astray. El hombre de la bandera es insultado porque representa lo que más odia la chusma que lo rodea.

Y porque es la prueba de que, por muchos monumentos que destrocen, por muchas calles que renombren y por mucha bilis que destilen, los héroes siempre van a tener el mejor homenaje en el corazón de un patriota anónimo que enarbola una bandera frente a la chusma.

RELIGIÓN DE PAZ, GREMLINS Y PERIODISTAS.

Oyendo las consignas, eufemismos y titulares que las teles difunden tras cada atentado islámico, se podría llegar a sospechar algún tipo de relación o semejanza entre los seguidores de la religión de paz y aquella película americana de 1984, que dirigió Joe Dante y que se tituló "Gremlins".

En ambos casos, unos seres pacíficos y adorables se transforman, de pronto, en unas bestias agresivas. En el caso de los bichos cinematográficos, el desencadenante es por comer después de medianoche –es decir, por no respetar una especie de Ramadán inverso-. En el caso de los arcángelicos apóstoles de la sharia, la metamorfosis se produce por "radicalizarse", misterioso proceso al que aluden machaconamente los periodistas, tertulianos y correveidiles de guardia en periódicos, teles y radios, pero que nadie ha explicado con detalle.

Según se puede inferir, la cosa sucede cuando un morito, que hasta ese momento ha sido ejemplo de conducta, buen chaval, amado por sus vecinos y respetado por todas las marujas de su barrio, se mete en internet y allí es víctima de páginas yihadistas que lo hipnotizan y lo convierten en un asesino inmisericorde. De ser un ejemplo de conducta, el sarracenito pasa a querer cohabitar cuanto antes con las huríes del Paraíso que esperan a los guerreros de la Yihad cuando doblan el labio despachurrando infieles.

O sea, que la culpa de la transformación no es del imán de la mezquita del barrio predicando la Guerra Santa, como dicen los islamófobos, sino de internet.

Hasta aquí las semejanzas.

Las diferencias se hacen patentes en la forma de acabar con ellos. Mientras el punto débil de los bichos de la peli es su vulnerabilidad a la exposición directa a la luz solar, la kriptonita de los yihadistas son las velitas, las declaraciones ñoñas y las canciones cursis.

Los gremlins mueren abrasados cuando son expuestos al sol.

Los yihadistas, cuando escuchan "Imagine" de John Lennon y ven los cientos de velitas y peluches que los gilipollas depositan en el lugar del crimen, se mueren. De risa.

JUDIADAS

El Diccionario de la RAE define "Judiada", en una primera acepción, como "Mala pasada o acción que perjudica a alguien". La segunda acepción es "Multitud o conjunto de judíos". Quizá citar a la otrora prestigiosa RAE como fuente de autoridad no sea demasiado fiable, pero es que cuando se escribe sobre el "pueblo elegido" hay que andar con pies de plomo y tentarse la ropa, ya saben.

Si uno dice, verbigracia, que los maoríes resultan un tanto estridentes en sus tendencias de moda o que las chicas esquimales no son las mujeres más esbeltas el mundo, alguno de los numerosos lectores que siguen El Cadenazo desde Chukotka, Rarotonga o Tongatapu quizá se pudieran sentir molestos. Pero en ningún caso nos llevarían al talego por ello.

Tampoco si pusiéramos en duda la veracidad histórica de sus leyendas o ancestrales historias de terror.

Pero si a alguien se le ocurre decir que quizá Spielberg o el Canal Histeria exageran y no todos los judíos son bellísimas personas, podría ser acusado de "antisemitismo".

O si alguien osara preguntarse por qué una nación que estaba inmersa en una Guerra Mundial dedicó enormes esfuerzos logísticos y de organización a transportar prisioneros desde Francia a Polonia, vacunarlos, tatuarlos para su identificación en un campo de trabajo, alimentarlos y proporcionarles uniformes para, al final, matarlos con insecticida y gastar enormes cantidades de combustible en quemar sus cadáveres; o sugiriera que le habría salido mucho más barato el tradicional procedimiento bolchevique de tiro en la nuca y fosa común, podría ser acusado de "negacionismo" y dar con sus huesos en la trena.

Por eso desde estas páginas no nos hacemos esas preguntas tan peligrosas e impertinentes. Que conste, Señoría.

No queremos líos con la Justicia, así que tampoco diremos que las masacres en la franja de Gaza cometidos por el Ejército Sionista para celebrar el aniversario de su "Estado" criminal son un crimen que los medios de comunicación occidentales, controlados en su casi totalidad por judíos, intentan silenciar.

No diremos tampoco que Estados Unidos es cómplice de esos asesinatos y, por tanto, tan criminal como el propio Israel.

Ni comentaremos el hecho de que esa tramoya corrupta llamada ONU, tan presta a creerse cualquier montaje de esa burda troupe de farsantes de los"Cascos Blancos" para legitimar agresiones contra pueblos díscolos frente al FMI, se calle como la puta que es ante los genocidios de Gaza.

Nada de eso. No queremos que los sanedrines e inquisiciones políticamente correctas nos lleven a galeras, así que no decimos nada.

Por no decir, ni siquiera haremos ningún comentario sobre el orco gritón y sobrealimentado que ganó el festival de Eurovi-Sión.

LA BATALLA DE NUESTRO TIEMPO.

La batalla de nuestro tiempo ya no es – nunca lo fue- una pugna entre izquierdas y derechas. Ese es un enfrentamiento tan artificial como el resto de conflictos inventados en laboratorios de ingeniería social con olor a logia, a sinagoga y a consejo de administración.

En la charlotada siniestra que llaman actualidad política, el discurso de los mercachifles de la derecha -incluso de la más patriotera- es frecuentemente intercambiable con el de los mercachifles de la izquierda -incluso de la más demagógica-.

Ambos rezuman la misma mojigatería hipócrita, el mismo lenguaje pusilánime y eufemístico, el mismo calculado histrionismo. Ambos fingen escándalo ante anecdóticas mezquindades mientras callan ante las grandes vilezas que componen la farsa que les da de comer.

Ambos asumen el dogma inquisitorial que identifica como anatemas imperdonables -sinónimos del mal absoluto- las palabras-tabú (machista, racista, nazi, hetero...) que les sirven para descalificar a cualquiera que cuestione sus tópicos, sus mantras y sus embustes.

Ambos obedecen al mismo amo y representan obedientemente sus papeles (poli bueno, poli malo, poli hijoputa...) para distraer a la masa de esclavos felices que votan, consumen, trabajan y pagan impuestos.

Que votan las listas de desconocidos parásitos que aposentarán su inutilidad en escaños y poltronas.

Que consumen banalidad, vulgaridad y vanidades inútiles.

Que trabajan en cada vez más precarias condiciones, encadenados por el miedo.

Que pagan impuestos rapaces para alimentar el monipodio parlamentario.

La verdadera batalla de nuestro tiempo no es ese teatrillo bufo de los partidos políticos ni la pantomima fofa que disputa mezquinos repartos de escaños e influencias.

En la batalla de nuestro tiempo se dirimen cosas más serias. La Patria. La Dignidad. La Libertad.

Y sólo hay dos bandos.

El de los que defienden el modelo gregario, multicultural y alienante del globalismo y la sumisión al capital financiero. Ese modelo neoliberal de grandes masas de mestizos sin identidad, sin Patria ni raíces, trabajando para unos pocos millonarios. Ese modelo que se alimenta de inmigración masiva y de aberraciones conceptuales (feminismo, ideología de género, aborto...) para destruir cualquier arraigo familiar y social. El modelo que destruye los negocios familiares en beneficio de las multinacionales. El modelo que, desde Bilderbergs y Trilaterales, aspira a convertirnos en un gris y sumiso rebaño de afeminados pacifistas y de marimachos hirsutas.

Y, enfrente, está el otro bando. El bando de los malditos. El de los que no renunciamos a nuestra identidad, a nuestra Patria y a nuestra Raza. El de los que nos resistimos a emplear neolenguas blandengues y absurdas. El de los que estamos más cómodos empuñando un fusil que una estilográfica. El de los que nos reímos de los escandalizados y farisaicos mohínes de los políticamente cabestros ante nuestras banderas, estandartes y canciones. El de los que creemos que el trabajo no debe ser una esclavitud para que se forren unos cuantos con el esfuerzo de los demás, sino una comunión de esfuerzo y dignidad al servicio de una comunidad justa y alegre con un destino común. Porque eso es el Estado Nacional.

En la batalla de nuestro tiempo no hay lugar para la neutralidad.

Si hoy no luchas, mañana no llores.

LAS PUTAS DE LA OPINIÓN

Desde que Cebrián y Polanco (marrajos multimillonarios engordados a la sombra senil del último franquismo) convirtieran el periodismo español en una sumisa maquinaria al servicio de los lobbys, cuadrillas y monipodios que diseñaron ese negociado de trileros llamado Transición, los periodistas españoles - con escasísimas excepciones - han sido putas de la opinión, correveidiles de los partidos, pajilleras de los banqueros, feladores de los capos de la construcción y complacientes mamporreros del discurso dominante y apoquinante.

Las diversas ganaderías de voces mercenarias compiten a veces entre ellas destapando alguna letrina del jefecillo rival. Es lo que se llama "periodismo de investigación". En realidad no suelen investigar una mierda, limitándose a difundir la basurilla filtrada por gabinetes de prensa, servicios de información o cuerpos y fuerzas de seguridad del tinglado, pero cubren cierta apariencia de pluralidad para que los paletos levemente ilustrados puedan hacer la digestión tranquilos y suspirar agradecidos por vivir en un país con tantísima libertad de prensa.

Gracias a estas filtraciones interesadas, nos enteramos de las pequeñas o grandes miserias de algún jerifalte – o jerifalta – para que sea debidamente sustituido por otro, generalmente peor.

Estos calculados escándalos son como ese objeto que el ilusionista agita con una mano para que no te fijes en lo que oculta en la otra.

Así, los choriceos de la Cifuentes en una perfumería o la ostentosa mansión del macho alfa podemita hacen que la gente esté distraída y no se fije demasiado en que España está a punto de romperse por la pasividad cómplice del Gobierno ante la perfidia separatista.

Así, la multitudinaria movilización contra una violación cometida por españoles contribuye al sistemático silencio sobre las numerosas violaciones cometidas por inmigrantes.

Así, las bacinerías sobre los dos imbéciles separatistas que hicieron el ridículo en Eurovisión, nos distraen del intento de minimizar los crímenes de la ETA.

O de la sistemática tergiversación de nuestra Historia por el revanchismo de falaces memorias histéricas y sectarias alcaldesas seniles.

O de que todos los charlatanes políticos hagan grandes aspavientos por la quiebra del sistema de pensiones pero ninguno cuestione el despilfarro y las mamandurrias del Estado de las Autonomías ni los sueldos, dietas y prebendas de los parlamentarios, parlamentarillos y paniaguados.

O de que ninguno ose proponer cerrar el grifo del erario público a unos sindicatos cocougeteros que, plagados de "liberados", chupones y otros parásitos jamás han defendido a los trabajadores y han sido cómplices de la precarización laboral más salvaje.

O de que nadie cuestione en lo más mínimo la política suicida y genocida de incentivar la inmigración mediante la concesión de ayudas a la población extranjera mientras se niegan esas ayudas a los españoles.

Los periodistas son las putas de la opinión. Lo peor es que la calidad de las suripantas ha ido a menos como el criterio de sus gregarios lectores, oyentes y espectadores o como la ralea de los políticos a los que sirven.

Hace unos años, uno podía leer a Umbral o a Emilio Romero que, por lo menos, sabían escribir. Ahora no pasamos de anarrosas, guarromings y pablomotos.

De putas de lujo y lencería fina a esquineras desdentadas y tangas de mercadillo.

LOS "VISITANTES" SON TUS AMIGOS.

Los que ya vamos teniendo una edad, recordamos una serie televisiva de ciencia ficción -"V: Los visitantes"- que iba sobre una invasión extraterrestre.

Desde "la Guerra de los Mundos" de H.G. Wells el tema, un clásico, había inspirado numerosas pelis y tebeos, pero lo que hacía que esta serie fuese seguida masivamente era lo original del planteamiento y los peculiares hábitos alimenticios de los invasores.

Resulta que los extraterrestres, que eran unos hombres-lagarto disfrazados de humanos, comían ratas, ratones y todo tipo de roedores.

A pesar de los rudimentarios efectos especiales de la época, ver a la buenorra de la serie -la malvada Diana, interpretada por Jane Badler- desencajar la mandíbula para tragarse entera una cobaya tamaño XXL, era un puntazo.

Pero lo realmente original era la forma en que los invasores logran camelar a los políticos y los periodistas de todo el mundo para que, ocultando su condición reptiliana, los presenten a la opinión pública como unos amistosos benefactores.

A pesar de que las malas intenciones de los extraterrestres van siendo evidentes, la prensa y las televisiones emiten constantemente publirreportajes sobre lo buenísimos que son los "visitantes". Enormes carteles los presentan como si fueran políticos en época electoral sonriendo a los ancianos y abrazando a los niños.

Esto de que una prensa ramplona y teledirigida distorsione la realidad para presentar como buenos chicos a unos especímenes de dieta peculiar que vienen a someternos y masacrarnos me recuerda algo y no sé a qué.

A lo mejor es que soy un intolerante lagartófobo, no sé.

PAYASOS SINIESTROS.

Aunque, gracias a los dioses, mi salud hasta la fecha ha sido razonablemente robusta, me temo que pueda estar desarrollando algún tipo de fobia sobrevenida que me empieza a preocupar. Los especialistas en la cosa, llaman coulrofobia a la aversión a los payasos. Este servidor de ustedes es de la generación que respondía gritando "¡Bieeeen!" cuando Gaby, Fofó, Miliki y Fofito nos preguntaban al principio de su programa -también gritando- "¿Cómo están ustedeeees?" Sin ser un fan incondicional, estos payasos de mi infancia jamás me produjeron ningún tipo de aversión patológica. Aunque Miliki nunca me cayó especialmente bien, en general me reía bastante con ellos y hasta coreaba sus canciones. El problema vino con las siguientes generaciones de payasos. Y no me refiero a los bufones de guardia- Guarromings, Buenafuentes y demás graciosos oficiales- cuando vomitan su resentimiento con pretendidos chistes. Esos sólo hacen gracia a tarados progres como ellos y nunca me han provocado otra cosa que hastío y, a veces, asco.

Al hablar de sucesores de los payasos de la tele, me refiero a aquellos que, en principio, debieran tener más enjundia payasesca y que, sin embargo, cada vez están más lejos de la figura del clown tradicional y más cerca del estereotipo del payaso asesino de las novelas de terror.

Cuando la troupe de Pedro Sánchez se encaramó al poder mediante un birlibiloque parlamentario, muchos esperábamos que, al sustituir al aburridísimo Don Tancredo rajoyano, que basaba su comicidad en su inmovilidad de cobardón y en su pétreo rostro, la cosa se animara.

La composición variopinta de la cuadrilla, con mariquitas, chonis, y hasta algún astronauta entre todo un muestrario de personajes ridículos, constituía una especie de Village People de todo a un euro que creó bastante expectación entre los aficionados al humor de brocha gorda. Y al principio nos hicieron reir con sus medias lenguas y su exhibición de incultura. Desde Fernando Esteso y la Ramona, los paletos siempre han hecho gracia.

El problema es que ese humor grotesco ha ido virando hacia lo zafio y lo siniestro. Tras la máscara circense y los trajes multicolores empiezan a asomar los afilados colmillos y las garras ávidas de sangre de peligrosos sicópatas. El payaso ha dejado de ser un personaje simpático para convertirse en un personaje amenazador. La estupidez de la troupe de Sánchez ha dejado de ser un rasgo risible para convertirse en un ingrediente más de una demencia destructiva.

A lo mejor es cosa mía pero, últimamente, cada vez que por la tele aparece un clown o un ministro- ya son indistinguibles- en lugar de risa, me dan repelús.

EL NUEVO TERROR

Hace tiempo que los autores de historias de terror descubrieron que los viejos monstruos habían dejado de dar miedo. La criatura resucitada por un científico loco, el sombrío vampiro de los Cárpatos, o los diversos subgéneros y encastes de licántropos, a fuer de parodiados, sobreexplotados y dulcificados ad nauseam se habían convertido en caricaturas de sí mismos.

Drácula, el Monstruo de Frankestein o La Momia habían pasado a engrosar el pueril panteón de la cultura popular junto a personajes como Mickey Mouse, el Pato Lucas, el Che Guevara o el Oso Yogui.

Se habían convertido en monigotes para decorar camisetas.

Los guionistas de pelis de terror decidieron entonces darle la vuelta a la tortilla: Si los antaño espeluznantes engendros habían devenido en espantajos risibles y cotidianos, los protagonistas de las historias de horror serían a partir de ese momento personajes inicialmente inofensivos que, por contraste, resultarían mucho más terroríficos cuando el espectador descubriera su condición de entes malignos.

sicópatas y bebés satánicos. Pero, sin duda, los más grimosos, aterradores y malrrolleros son los payasos asesinos.

Si la figura del clown ya tenía desde siempre un aura sórdida y siniestra, al convertirse en protagonista del horror da más repelús que nunca. Y no es, como pudiera parecer, a causa del grotesco maquillaje. El payaso resulta aterrador no por su inquietante aspecto sino por encarnar el arquetipo de lo extraño y lo imprevisible. Entre el gag burdo y el aspaviento granguiñolesco hay una línea demasiado delgada.

Surgieron así toda suerte de muñecos diabólicos, huerfanitas sádicas, niñeras

Situaciones que, a priori parecen cómicas o ridículas acaban siendo macabras.

Las patochadas de Carmen Calvo, los disparates de la Carmena, los delirios analfabetos de los podemeros o las malas imitaciones de Mr. Bean que hace Pedro Sánchez cuando visita la Zarzuela serían cosas graciosas si no escondieran un trasfondo sectario y sanguinario de chequismo revanchista y demente.

La risotada bobalicona se convierte en mueca asqueada cuando comprobamos que la tarta que el payaso arroja a la cara de su compañero está rellena de vísceras ensangrentadas.

SUGERENCIA AL INQUISIDOR.

Cada vez es más amplio el catálogo de pecados mortales, penitencias y fiestas de guardar con las que los talibanes del Pensamiento Único Políticamente Correcto coaccionan y criminalizan cualquier atisbo de discrepancia.

incuestionables de la dogmática progre, alcanza ya una complejidad notable.

Si, por ejemplo, alguien opina que no le parece demasiado bien que los maricas Esta variedad de nuevos delitos de pensamiento y mandamientos practiquen la sodomía en público será acusado de homofobia.

Si a alguien se le ocurre aventurar que los abusos del "Estado" de Israel sobre el territorio robado a los palestinos son un pelín excesivos, o se pregunta por qué los medios de comunicación tienen que estar controlados en su práctica totalidad por el "pueblo elegido" se le neutraliza acusándole de antisemita.

Si algún incauto cede el asiento en el metro a una embarazada o a una anciana, cualquier comisario político de la nueva ortodoxia lo acusará de machista.

Si alguien sugiere que a lo mejor no está del todo bien que se destruyan monumentos históricos y se quiten del callejero los nombres de héroes y mártires en aras de un revanchismo enfermizo y resentido, es muy posible que alguna de las generosamente subvencionadas asociaciones, batucadas, bandas y cuadrillas de la "memoria histórica" lo acuse de "delito de odio" o algo así.

Si un españolito expresa alguna ligera crítica al hecho de que con sus impuestos se financien las mezquitas desde las que se predica la Yihad, pone mala cara cuando algún moro insulta y agrede a una española por ir con minifalda o se siente ligeramente incómodo cuando comprueba que, por ejemplo, en la Comunidad de Madrid todas las ayudas públicas al alquiler son para los representantes de la religión de paz, será anatemizado y acusado de islamófobo.

Y así sucesivamente.

Desde El Cadenazo creemos que tanto nombre nuevo y tanto eufemismo rebuscado puede confundir al español medio aun cuando tenga la mejor intención de ser un demócrata y gregario ciudadano ejemplar.

Por eso creemos que, en aras de la economía procesal y de la unificación de conceptos, se hace necesaria la creación de un nuevo tipo penal que resulte fácil de entender por el español de a pie.

Por la naturaleza de las conductas y colectivos protegidos por la nueva ortodoxia, por la idiosincrasia de los legisladores y teóricos que la definen y por la calidad humana de los delatores y policías del pensamiento que velan por su aplicación efectiva, la denominación que mejor cuadraría al nuevo tipo penal, es el de Delito de Hijoputofobia.

LA CONSTITUCIÓN, ESA ESTUPIDEZ ENVENENADA

Ha llegado Diciembre y, con él, además de los anuncios navideños, llegó la cansina y acartonada celebración del Día de la Constitución. Ya saben: ese texto que enumera derechos sin garantizarlos y al que los demócratas profesionales rinden una aspaventera pleitesía cuando se acercan estas fechas.

Pocas cosas me repugnan más que el engaño, la estafa y la mentira obligatoria y la Constitución del 78 reúne y conjuga de forma magistral estas cualidades combinándolas sabiamente con el papanatismo más cursi, la prosa más fofa, la ambigüedad más tramposa y el postureo más descarado.

Aparte de su papel como excusa para justificar ese saqueo partitocrático de nuestra Patria al que la prensa pesebrera bautizó con el intestinal nombre de "Transición", su consecuencia más nefasta ha sido el fortalecimiento del separatismo.

Se empieza con la gilipollez envenenada de las "nacionalidades y regiones" y se termina entregando a los separatistas todos los instrumentos que necesiten para que rompan España. Generosamente financiados a nuestra costa, por cierto.

Lo que ha marcado el auge separatista no ha sido solamente el adoctrinamiento en el odio a España de varias generaciones mediante el monopolio de centros de enseñanza, espectáculos y medios de comunicación por parte de la mafia antiespañola.

Tampoco el compadreo de la Corona con la cosa nostra pujolista. Ni la actitud traidorzuela y contemporizadora de todos los Presidentes de Gobierno constitucionales con la piara separata.

Ni la tibieza pusilánime de la cúpula militar.

Lo que de verdad ha marcado el auge del secesionismo ha sido que no ha tenido auténtica respuesta desde las instituciones estatales.

Toda la resistencia al separatismo catalán, por ejemplo, ha nacido de forma espontánea de los patriotas -no precisamente constitucionalistas- que han plantado cara en la calle a las bandas de matones autodenominados CDR. Otra cosa es que, posteriormente, los políticamente correctísimos constitucionalistas hayan aprovechado la ocasión para salir de debajo de la cama y ponerse detrás de la pancarta.

La falacia más criminal consiste en oponer al mito separatista, en lugar de un combativo nacionalismo español sin complejos, un edulcorado y ridículo "patriotismo constitucional" en el que nadie cree de verdad.

La Constitución del 78 es el cloroformo del patriotismo y la excusa de los cobardes.

EL GENOCIDIO SOSTENIBLE,

Resulta ilustrativo y revelador de las prioridades y obsesiones de la banda de Sánchez que una de las primeras leyes que hayan aprobado sea la de la Eutanasia.

En el fondo, esta gentecilla es consciente de sus carencias intelectuales y de su ineptitud gestora. Como saben que proporcionar una vida digna a los españoles está muy por encima de sus limitadísimas capacidades como gobernantes, se limitan a proporcionarnos lo que ellos consideran una "muerte digna", es decir, a apiolarnos cuando dejemos de ser rentables o resultemos incómodos.

Esto de la "muerte digna" es otra de las innumerables coletillas, eufemismos, cursiladas y neologismos de la neolengua progre, esa jerga infumable con la que los neomarxistas y neoliberales nos aturden y aburren cansinamente. (Por cierto, ya urge un diccionario o programa informático oficial de traducción simultánea pijigrogre/español-español/pijiprogre para interpretar a estos majaderos.) Llamar "muerte digna" a la eliminación física de enfermos está en la misma línea de fariseísmo lingüístico que llamar "interrupción del embarazo" al asesinato de bebés, "regulación de empleo" al despido de trabajadores, "ingeniería financiera" al desfalco y el trinque o "empoderamiento" a la concesión de privilegios a una fulana o mengana sólo por ser hembra.

Hay que tener un cociente intelectual por debajo del de un votante de Vox para no darse cuenta de que esto de la "muerte digna" es el pretexto chapucero, el "macguffin" de baratillo, el trampantojo para miopes o el chocolate del loro de una operación de siniestra ingeniería social de mucho más calado.

El falso humanitarismo que exhiben como motivador de estas leyes de la muerte es tan burdo como mentiroso. Intentar justificar -con estos argumentos de telefilme de domingo por la tarde- que un comité de médicos tenga capacidad legal para condenar a muerte a un enfermo terminal es tan insultante para la inteligencia como cuando legitimaban las leyes aborteras con el caso de la menor que queda embarazada al ser violada y blablablá. Cien mil abortos anuales en España desde que se aprobó la Ley.

Ni siquiera sumando todas las violaciones perpetradas por menas, refuchis y demás "manadas" creo que se consigan tantos embarazos.

Al final, el asesinato de bebés no natos se ha normalizado como un método anticonceptivo más. Que era, de paso, lo que se pretendía desde el principio.

Con la eutanasia pasa igual. Siempre que se saca este tema, el progre de guardia sacará el caso del tetrapléjico gallego que quería morir mar adentro y tal.

Vamos a ver: es muy respetable que cada quisque decida entregar la cuchara cuando así lo considere. O aguantar el dolor si sus convicciones religiosas, o éticas así se lo aconsejan. Allá cada cual y para gustos se hicieron los colores. Tan respetable es que Ramón Sampedro quisiera irse al otro barrio como que Echenique quiera seguir por aquí.

Personalmente, me gustaría que, si me toca la lotería de una enfermedad larga, incurable y dolorosa o de una parálisis total, algún camarada o familiar abreviase adecuadamente el molesto trámite si así se lo pido. Pero lo que no es admisible es que un casposo comité de médicos perroflautas decida si un enfermo debe o no seguir viviendo.

Es paradigmático el caso que se produjo hace unos años en un hospital madrileño en la que un médico progre –militante del PSOE, por cierto- se cargaba alegremente a los ancianos que, según él, ya habían vivido demasiado. Los medios echaron tierra sobre el asunto, pero lo cierto es que el sujeto en cuestión, asesinó a varios ancianos que habían ingresado en urgencias porque le salió del nabo. Pues esto es lo que la nueva ley ha legalizado.

Aquí no se trata de ahorrar sufrimientos a nadie, sino de ahorrar pasta a la Seguridad Social y a la Sanidad. Fieles mamporreros del globalismo financiero, nuestros progres, con su habitual sensiblería hortera, disfrazan como alivio de sufrimientos lo que no es más que un despiadado cálculo de rentabilidad.

Es mucho más fácil inducir a nuestros ancianos a suicidarse que pagar pensiones de jubilación. Es mucho más barato cargarse enfermos incurables que invertir en investigación y en tratamientos paliativos del dolor.

Y, sobre todo, para la banda de psicópatas resentidos que compone nuestra clase dirigente -debajo de cada tolerante y amariconado pijiprogre se esconde un sádico chequista-, es muy satisfactorio poder disponer a su antojo de la vida y de la muerte.

LLAMANDO A LA OFICINA DE PATENTES.

-Oficina de Patentes. Dígame.

- Buenas tardes. Yo es que soy un renombrado científico. He descubierto una vacuna contra la estupidez y quería registrarla.

- Espere un momento. Le paso con el Encargado.

(Suena la habitual musiquilla para desesperar al que espera)

- Al habla el Encargado ¿Es usted el de la vacuna contra la estupidez?

- Sí. Yo soy el descubridor ¿Puedo registrarla?

- Pues va a ser que no. Pero hombre ¿cómo se le ha ocurrido algo así? ¿No se ha parado a pensar en la cantidad de gente que se quedará sin trabajo por su culpa?

- No le entiendo. Gran parte de los males que aquejan al mundo son producto de la estupidez humana y...

- ¡Cállese, irresponsable! La estupidez es el motor de nuestra sociedad. ¿No se da cuenta? Vamos a ver: Si su vacuna llega a utilizarse ¿de qué iban a vivir, por ejemplo, los artistas contemporáneos? Durante décadas hemos convencido a millares de estúpidos de que una mierda metida en un bote o un manchurrón en un lienzo son arte. Ferias como ARCO mueven miles de euros comerciando con auténtica basura que compran estúpidos y mangantes. Si eliminamos a los estúpidos ¿de qué van a vivir los mangantes? Y hablando de mangantes ¿Ha pensado usted en los echadores de cartas, en los trileros o en los políticos? Si elimina usted la estupidez del mundo los está condenando a la miseria y la marginación. Eso por no hablar de los previsibles disturbios y desórdenes que provocará su invento.

- ¿Desórdenes?

- Claro. ¿Cómo cree que reaccionarían los españoles si dejaran de ser estúpidos? ¿Piensa usted que consentirían, como ahora, que los gobernase una banda de maleantes? ¿Cree que aceptarían alegremente que con su dinero se financiasen toda clase de chiringuitos, oenegés y bandas de chupópteros? ¿Cree que les parecería bien que se diese un sueldo a los delincuentes juveniles que nos envía Marruecos? ¿O que los asesinos etarras se sienten en el Congreso? ¿Cree que aceptarían de buen grado que el Gobierno apoyase a los que quieren cargarse la unidad de su Nación? ¿O que se fomente una inmigración descontrolada cuando hay millones de compatriotas en paro? ¡Su invento se cargaría la paz social y la democracia parlamentaria!

- Hombre, visto así...

- Nada, nada. Déjese usted de vacunas, hombre. No se complique la vida, hágame caso. Dedíquese a cosas de provecho como escribir guiones de telebasura o manuales de feminismo. O hágase asesor de algún concejal.

- Pues va a llevar usted razón. ¿En qué estaría yo pensando?

- Nada. No se preocupe. Pero que no se repita ¿eh? Buenas tardes.

- Adiós, buenas tardes. Y perdone.

MUERTOS, MENTECATOS Y MENTIRAS.

Posiblemente nunca sabremos el origen de esta pandemia. A mí lo del murciélago me suena a cuento chino. Como en todos los grandes eventos decisivos, la leyenda acabará prevaleciendo sobre cualquier tipo de investigación rigurosa.

Al final, las películas de Hollywood impondrán su versión y. como ocurre con títulos que están en la mente de todos ("El listillo de Schlinder", "La mentira es bella", "El embuste del pijama de rayas" y cosas así) ésta se convertirá en verdad canónica.

El votante-contribuyente acabará, como en una distopía orwelliana, no sólo repitiendo la versión oficial por miedo a incurrir en delito de opinión, sino que la creerá de verdad igual que cree que las Torres Gemelas las tiró un morito que se había sacado el título de piloto de avioneta dos días antes o que la Guerra de Secesión fue porque a los del norte, que eran muy buenos, les daban pena los negros.

Esta imposición de fábulas y embustes como sustituto de la verdad histórica ha sido uno de los mecanismos más eficaces de control político que se conocen.

Los enemigos de España han hecho y seguirán haciendo un uso provechoso del mismo. Desde que los mercaderes calvinistas flamencos publicaron el primer panfleto con el Duque de Alba comiéndose a los niños crudos o los masones franceses dijeron que la Conquista de América había sido un genocidio, toda la fauna de resentidos, progres, perroflautas, liberales y demás ralea ha repetido como loros amaestrados estas sandeces.

Ese artefacto de endofobia autoimpuesta llamado Leyenda Negra ha sido asumido como dogma por todos los ensayistas de orinal, marisabidillas de tertulia, feministas hirsutas, chonis de ministerio y periodistas de bozal que conforman nuestra élite intelectual.

Desde hace cuarenta años esta tramoya de buenismo gregario, superficialidad repelente, izquierdismo de salón y cobardía traicionera ha ocupado el lugar que, en otro tiempo ocupaban filósofos e intelectuales. Las susanagrisos, ristomejides, guarromings y anarrosas han sustituido a los ortegas, marañones o maeztus de otras épocas.

Y el resultado está a la vista: Con rarísimas y heroicas excepciones, el pueblo español es un agregado de individuos egoístas, cobardones, acríticos y temerosos de ser señalados como diferentes por un rebaño cada vez más adoctrinado en la obediencia a un poder corrupto.

Al españolito del régimen del 78 se le ha enseñado durante décadas a odiarse a sí mismo y a pedir perdón por su Historia. Ser blanco, heterosexual o sentirse orgulloso de nuestro pasado imperial ha pasado a ser una causa de descalificación social.

A unos súbditos así no les indigna que un Gobierno sectario y mediocre haya provocado con su ineptitud y negligencia culpable que en estos momentos seamos el país del mundo con más muertos por el coronavirus.

Salvo la exigua minoría de los que no pasamos por el aro, los ciudadanos ejemplares y votantes odedientes seguirán saliendo puntualmente al balcón a aplaudir cuando se les ordene.

Lamentablemente, en lugar de sogas en las farolas, a los responsables les espera, como siempre, la impunidad.

NI PUTA GRACIA

Que sí, que son carne de chiste: Pedro y Pablo, los Picapiedra, las mamadas del Chepas, Echenique de Ministro de Deportes…Las redes bullen de memes, chascarrillos y gracietas sobre la alianza entre el asaltatumbas y el de la coleta. Pero la cosa no tiene demasiada gracia más allá del humor negro al que tan aficionados somos en la sufrida piel de toro.

Y luego están los lastimosos gañidos de la derecha más cagona temiendo por la integridad de sus cuentas corrientes. En las emisoras de radio neoliberales los tertulianos de guardia repiten como loros que vamos a acabar como en Venezuela y gansadas así.

Y, sin embargo, la oligarquía económica está tranquila. Como siempre.

Sabe que la rapacidad fiscal de los nuevos frentepopulistas no se cebará en sus sicavs, sociedasdes opacas y demás martingalas evasivas de impuestos, sino en los sufridos ahorros de los trabajadores y los pequeños negocios. Como siempre.

Para las botines, koplovichs, amancios y similares, todo el problema se reduce a si tendrán que traspasar algo más de pasta a sus cuentas domiciliadas en paraísos fiscales.

Porque saben que la izquierda hace mucho tiempo que renunció a algún tipo de cambio de sistema económico o reivindicación de justicia social, ni siquiera en la versión demagógica, marxista y garbancera.

La lucha de la clase obrera se ha quedado en simple muletilla vacía de contenido para adornar manifiestos de rojetes de barrio y carteles de la Fiesta del PCE.

Y es que la izquierda fetén, la que parte el bacalao y maneja el cotarro está en otra cosa. Sabe que su público objetivo ya no es el obrero ni el campesino -raras avis en una sociedad desestructurada y consumista- sino el rebaño de "ninis" de papá, universitarios semianalfabetos, marisabidillas pijas, garrulos pedantes y ganapanes cursis que constituyen la progresía actual.

Son esos progres para los que la revolución no es nacionalizar la banca o planificar la economía, sino alabar en las redes a la niña siniestra del cambio climático, lucir un careto del Che en una camiseta de marca o hacer campañas de apoyo desde su iPhone a las mafias negreras que, travestidas de oenegés, fletan "open arms" para llenar Europa de mano de obra barata y, de paso, contribuir al genocidio blanco.

El progre, como es sabido, odia a su propia raza. Si un negro, un moro o un chino dicen estar orgullosos de su raza, a los progretas les parece muy digno y muy guay, pero si a un blanco se le ocurre decir algo parecido lo crucificarán por racista.

Y esta gente es la que ha metido en la Moncloa a los Picapiedra del resentimiento. Y Pedro y Pablo no tienen ningún interés en tocarle los huevos a la banca ni a las grandes fortunas.

Lo que de verdad les pone cachondos es profanar tumbas, adoctrinar escolares y subvencionar películas para ganar simbólicamente la Guerra Civil.

Han desenterrado a Franco y, si les hace falta para mantenerse en el poder, desenterrarán a Isabel la Católica y a quien haga falta. Desenterrarían a su padre si supieran quién es.

Y, aunque de gobernar, lo que se dice gobernar, no tengan mucha idea, son especialistas en seleccionar la carnaza más apreciada por su base social.

Saben que serán mucho más aplaudidos por ilegalizar a las formaciones patriotas que por reducir el desempleo. Por dinamitar la Cruz del Valle de los Caídos que por bajar la factura de la luz. Por ponerles pisitos y pagas a los moros que por construir autopistas.

Y ahí está el quid de la cuestión: Adivinad quiénes desempeñaremos el papel de chivos expiatorios y "niños de los azotes" del régimen naciente.

Exacto.

Y esta vez no serán hediondos milicianos los que vendrán a darnos "el paseo". Las muy respetables "fuerzas y cuerpos de seguridad del Estado" -tan aplaudidas por la derechona folclórica-, esas que meten fusiles en las basílicas y arrancan banderas de España de las manos de los patriotas, nos harán sentir todo el peso de las distintas leyes de odio, memorias históricas y demás mierdas.

Cuando nuestros símbolos sean prohibidos, nuestras organizaciones desmanteladas y nuestras webs clausuradas, ya no nos parecerán tan graciosos los chistes de los Picapiedra.

LO QUE SIEMPRE QUISISTE SABER SOBRE LOS BANCOS

Somos muchos los que, ante un artículo sobre economía o una noticia sobre tejemanejes bancarios, sentimos una pereza inmensa y, generalmente, pasamos página. El intrincado léxico de la jerga económica y el estilo alambicado y plúmbeo, lleno de tecnicismos arcanos, con el que los periodistas de los medios financieros redactan sus aburridísimos textos, convierten la información económica en un coñazo insufrible.

Generalmente, sólo los aficionados al trile bursátil leen estas cosas con el mismo interés con el que los ludópatas siguen los resultados de las ligas deportivas o de las carreras de caballos. El resto pasamos.

Y esto le viene de puta madre a los que realmente controlan el tinglado de la pasta. La jerga coñazo y la antipática pedantería de los "expertos" tiene como objetivo transmitir la idea de que esto de la economía financiera es algo que debemos dejar en manos especializadas -las suyas- y que los simples mortales somos demasiado ceporros como para entender las sutilezas y eufemismos usurarios. Que mejor nos dediquemos al fútbol y a los concursos de cocineros.

Y es mentira.

Si se quita la hojarasca y la farfolla con la que suelen recubrir sus alambicados argumentos, la cosa se reduce a la mecánica simple y descarnada de la más burda de las estafas.

Pero, como decía el viejo Jack, vayamos por partes:

1. QUÉ ES EL DINERO.

Para empezar a entender este timo monumental lo primero que hay que tener claro es qué entendemos por dinero.

Siempre hemos pensado que el dinero es un simple medio para el intercambio de bienes y servicios. Y esto era así al principio. Cada producto o servicio tenía su equivalente en unidades de metales preciosos. Como el oro y la plata eran incómodos de transportar y, en muchas ocasiones, era peligroso llevarlos encima, fueron sustituidos por pagarés y billetes.

Y aquí empieza lo interesante.

Porque surge la figura del banquero. El banquero se compromete a guardar el oro de alguien y, a cambio, le da un documento que equivale a su valor y que, en principio, le garantiza al depositante la devolución de todo o parte del mismo cuando lo necesite.

Hasta aquí todo correcto.

Pero el banquero se ve de pronto con un pastizal en sus arcas y decide sacarle provecho prestándolo con intereses. El banquero no presta materialmente el oro de sus depositantes, sino que al deudor le da, asimismo, un pagaré o billete. Es decir, un documento que, en la práctica, equivale a la cantidad prestada y que el deudor puede intercambiar por bienes y servicios.

El que recibe este documento, se compromete a satisfacer el posible impago de esta deuda mediante la cesión de sus bienes al banquero. Esto es lo que se conoce como garantía, aval, hipoteca, etc: Bienes tangibles contra un documento cuyo valor viene dado por el convencimiento general de que el banquero tiene en sus arcas el oro correspondiente a la cantidad escrita en él.

Pero este no es el gran truco.

El chollo y la bicoca vienen cuando el banquero se da cuenta de que:

a) Nadie comprueba efectivamente cuánto oro guarda efectivamente en sus arcas. Lo que sustenta el valor de sus billetes es una creencia: el convencimiento generalizado de que cuenta con el oro necesario para respaldar sus préstamos.

b) Es muy difícil que todos sus deudores y depositantes se pongan de acuerdo para exigir a la vez el cambio de los pagarés o billetes por la cantidad de oro real al que teóricamente equivalen.

La conclusión es sencilla: Los banqueros emiten los pagarés que les salen de los huevos, independientemente del oro efectivamente depositado en sus arcas. Es decir, multiplican su negocio sin tener ningún respaldo real. Pero sus deudores sí que deben acreditar que poseen bienes suficientes que avalen el préstamo.

El banquero CREA DINERO DE LA NADA. Éste es la auténtica madre del cordero del capitalismo financiero.

Y esto no es un engaño de tiempos remotos gestado en el sórdido cubil de una judería del siglo XIV. Esto es lo que pasa cuando pedimos un préstamo hoy día. Y es completamente legal.

Se llama Reserva Fraccionaria.

Se calcula que, actualmente, sólo un pequeño porcentaje del dinero que circula en el mundo está respaldado realmente por valores reales. El resto son simples anotaciones electrónicas.

Para dar cierta apariencia de control a este mamoneo, existe lo que se llama el Requerimiento Fraccional de Reserva: el límite que impone la ley para la creación de dinero mediante el coeficiente de caja.

Es decir, el porcentaje de dinero que un banco debe mantener mediante reservas líquidas (reales).

Esto no es más que un paripé.

Para hacerse una idea de las cifras que suelen manejarse para estos coeficientes sirve de muestra un botón: El Reglamento 1745/2003 del Banco Central Europeo establece el coeficiente de caja en un 2% de forma general aunque hay algunos pasivos que, según el art 2 del mismo Reglamento tienen un Coeficiente de Reserva del 0%. Es decir, los banqueros pueden crear dinero de la nada SIN NINGÚN RESPALDO EN ABSOLUTO.

¿Qué es, por tanto, el dinero? EL DINERO ES DEUDA.

Cada vez que solicitamos un crédito, el banco crea dinero -deuda- de la nada por el simple hecho de hacer una anotación electrónica. Ese dinero no está respaldado por ningún valor real, tan solo por la confianza, correcta o infundada, en la solvencia del propio banco. Pero si no podemos hacer frente a la deuda, seremos desahuciados de nuestra casa o nos quedaremos sin coche.

LA DEUDA ES PODER: Le conferimos al banco el control de nuestras vidas y la posibilidad de dejarnos en la calle a cambio de una anotación en un ordenador.

2. LOS SUPERBANCOS.

El 1 de Julio de 1944, en un lugar llamado Breton Woods, Estados Unidos reúne a sus países satélites.

Estaba relativamente próximo el final de una guerra provocada, precisamente, para impedir que prosperase un sistema económico no sometido a la usura de la finanza internacional. Alemania, en el mayor milagro económico de la Historia de Europa, había pasado de ser una economía quebrada, con una inflación estratosférica, con paro y miseria enormes, a ser la economía más boyante de Europa en la que los trabajadores alcanzaron niveles de bienestar y justicia social no conocidos hasta entonces.

La receta para esta prosperidad sin precedentes fue relativamente sencilla: El Nacionalsocialismo libró a la economía alemana del yugo de la usura internacional y acuñó su moneda sustituyendo el entonces vigente patrón oro por el patrón trabajo. Se había dado a los usureros un poco de su propia medicina: la confianza –sustento, como hemos visto, de todo el sistema financiero- ya no se refería a las hipotéticas reservas de oro de los banqueros, sino a la capacidad de producción de los trabajadores y empresarios alemanes.

Como es sabido, los principales beneficiarios históricamente por la Usura financiera, usaron todo su poder propagandístico y económico para acabar con ese sistema político. No podían consentir la consolidación de un peligroso precedente que terminase con su forma de vida parásita. Ya sabemos, desgraciadamente, como terminó aquello.

Cuando quedaba menos de un año para el final de esta guerra desatada por la finanza internacional, es cuando se produce la citada reunión.

En Breton Woods se afianza el librecambismo y se sustituye el oro por el dólar como patrón para establecer el valor de las monedas de los países satélites de Estados Unidos.

Se crean entonces dos instituciones que siguen siendo clave para mantener la brecha entre países ricos y pobres: El Banco Mundial y el Fondo Monetario Internacional.

Teóricamente su función es ayudar a los países más pobres. En realidad, lo que hacen en la práctica es condenar a los países a la pobreza perpetua.

La deuda que contraen las naciones que caen en sus garras es tan brutal que, para pagar simplemente los intereses del préstamo, deben destinar a tal fin la mayor parte de su producto interior bruto, es decir, de su riqueza nacional.

Esta falta de inversión en infraestructuras provoca más pobreza que a su vez genera más deuda. Como buenos banqueros, lo que les interesa no es tanto que el deudor pague como que la deuda no se pueda pagar nunca. Y así mantener bajo su bota toda la política económica del país huésped.

En la práctica esto se traduce en el mangoneo de las economías nacionales. El reciente caso de Grecia es paradigmático.

Es conocido que esta política económica dictada por los superbancos siempre apunta en el mismo sentido: Jamás hablan de limitar los beneficios de las grandes empresas o de la función social de la propiedad, sino de cosas como eliminar el salario mínimo, limitar las ayudas sociales o precarizar cada vez más los contratos de trabajo.

Los instrumentos para lograr esos fines no sólo no son combatidos por los partidos de izquierda sino que forman parte de su dogma: inmigración, masiva, eutanasia, multiculturalismo, etc. Los de derecha, por su parte, aunque con obscenos guiños a un presunto patriotismo en el que realmente no creen, aplauden como geniales las recetas neoliberales y librecambistas.

Al final, el fin último de la Globalización tan defendida, publicitada y financiada por los Soros, Kissinger, Rotschild o Bill Gates de turno es LA CESIÓN DE LA SOBERANÍA NACIONAL A UNA OLIGARQUÍA FINANCIERA INTERNACIONAL

Todos los terminales mediáticos de esta oligarquía, desde Greta Vinagreta a Bergoglio reman en esa dirección.

Los partidos políticos de las democracias occidentales no son más que otro instrumento al servicio de este fin. Esperar que Iglesias, Abascal, Casado o algún otro títere de estos poderes financieros muevan un dedo para cambiar esto es pedirle castidad a las putas.

Independientemente de su careta ideológica, los partidos son, como en el viejo cuento polaco, el hacha que convence a los árboles de que está de su parte porque tiene el mango de madera.

MIL PERDONES.

Después del rebuzno del Presidente mejicano exigiendo que pidamos perdón por haber creado Méjico, era de esperar que se sucediesen las peticiones similares por parte de los numerosos colectivos, bandas, cuadrillas y piaras que se hayan podido sentir ofendidas por alguna de las acciones españolas en el devenir histórico.

Ya hay una asociación de moros que exige que los españoles les pidamos perdón por habernos opuesto a que nos invadieran en el 711 y por haberlos mandado a la mierda tras ocho siglos de lucha.

No tardará en aparecer alguna confederación de vándalos o alanos que exigirán una rectificación pública por la creación del reino visigodo; algún colectivo de la memoria histórica numantina ante el que tendremos que disculparnos por habernos romanizado; los descendientes directos de los asesinos de Viriato están preparando un recurso para reclamar lo estipulado por sus servicios, que nunca cobraron, deuda que hemos de asumir los españoles como herederos de la Hispania romana; un sindicato hebreo de negreros portugueses exigirá que se les indemnice por la abolición de la esclavitud; asimismo supongo que tendremos que pedir perdón a la Patronal Bancaria por la expulsión de los usureros judíos en 1492; a los ingleses por la paliza que les dio Blas de Lezo en Cartagena de Indias; indemnizar a Turquía por haberles mojado la oreja en Lepanto; a los estalinistas soviéticos por haberles derrotado en el 39, etc, etc…

Enumerar todos los actos por los que tenemos que pedir perdón es una tarea larga y siempre correremos el riesgo de dejarnos a alguien en el tintero. Sugiero que se unifiquen todas estas demandas y que los que se sientan damnificados funden una Confederación de Hijos de la Gran Puta y de Mamones Tragaglandes para ir agilizando los trámites.

LA MASA CONTRA EL PUEBLO

La masa es zafia, cobarde, infantiloide, mezquina y estúpida. Un filósofo griego la definió como el conjunto formado por innumerables cabezas sin ningún cerebro. Los políticos de la democracia parlamentaria medran sobre una masa cada vez más degradada. El ciudadano ideal para la Usurocracia liberal es una masa ignorante, hedonista y superficial. Un cuerpo electoral de esclavos felices sin ningún vínculo de solidaridad entre ellos. Un rebaño de consumidores imbéciles.

Lo contrario de un Pueblo.

Porque el Pueblo, al contrario que la masa, es consciente de su identidad tradicional, cultural, racial e histórica. De su Nación.

El Pueblo, al contrario que ese fofo agregado de individuos sin arraigo que es la masa, es un conjunto orgánico y vivo de familias.

El Pueblo, al contrario que el conjunto egoísta y estéril de la masa que alimenta las democracias bancarias y consumistas, se proyecta hacia el futuro en la unidad de destino de las generaciones.

El Pueblo, al contrario que la masa pusilánime de pacifistas hipócritas, empuña las armas cuando peligra su existencia.

La diferencia entre la masa y el Pueblo la marca la existencia o no de un Estado como ente superior y orgánico que articule, organice y defienda la existencia y el destino del Pueblo.

Por eso los liberales odian al Estado y lo pretenden convertir en la caricatura farisaica e hipócrita de un árbitro aséptico entre intereses pretendidamente iguales. En la coartada legal para que el poderoso esclavice al débil bajo la tramoya cínica de una pretendida igualdad de derechos teóricos. Para un liberal, la Justicia no es un ente permanente de razón, sino una cuestión de aritmética parlamentaria.

Tampoco el marxista concibe al Pueblo como una comunidad natural encarnada en la Nación. El marxista, como un vampiro ideológico del resentimiento, vive del conflicto y la cizaña. Del enfrentamiento artificioso y hebraico entre clases sociales, entre sexos, entre regiones…Al marxista no le interesa el Pueblo sino el populacho envidioso. Por eso, al igual que el oligarca liberal, es internacionalista y, una vez periclitado su discurso demagógico de la lucha de clases, se ha convertido en un mamporrero histriónico de los mismos valores globalistas que sustentan a las oligarquías financieras: multiculturalismo, feminismo, endofobia…

A medida que se degrada día a día el orden político putrefacto de la democracia parlamentaria capitalista queda más claro que la artificiosa división entre derechas e izquierdas enmascara las dos caras repugnantes de la misma moneda falsa.

EL CLERO DIALOGANTE Y LOS MATONCITOS DEL ARCO IRIS

Ayer, un grupo de activistas aparentemente homosexuales irrumpió chillando en la Catedral de Alcalá con su estridente profusión de banderas arcoíris y su habitual actitud insultante. Todo muy democrático y preelectoral. Al parecer, el conjunto de chiringuitos, colectivos, pesebres y negociados que componen el lobby LGTB ha señalado como objeto de sus campañas al obispo de la zona al que atribuyen algún tipo de ofensa a dicho entramado propagandístico. Y han enviado a un retén de perroflautas pretendidamente monfloritas a liarla. Cosas de la campaña electoral.

Cuando uno recuerda las cada vez más rastreras genuflexiones de la jerarquía eclesiástica para congraciarse con la nueva inquisición progre es inevitable reflexionar sobre lo poco efectivo de la política de imagen del clero patrio. El Día del Orgullo Gay incluso decoraron con banderitas arcoíris alguna de las iglesias más castizas de Madrid. Pues ni aún así. Cuando no son las Femen cagándose y meándose en la Almudena, son los chaperos de Alcalá vociferando en la Catedral, alguna exposición "artística" cachondeándose de las imágenes del culto católico o cualquier otra de las habituales muestras de libertad de expresión progre.

La ideología de género no da cuartel. Y es normal que así sea. En las guerras de religión no hay lugar para la tregua o la componenda. Y el conjunto de dogmas que financian generosamente Soros y sus secuaces de la oligarquía financiera – ideología de género, multiculturalismo, aborto, etc…- es una nueva religión tan intransigente y fanática como cualquier monoteísmo que se precie.

Los acomodaticios y dialogantes voceros de la conferencia episcopal deberían reflexionar sobre la razón de que los chillones activistas subvencionados por Soros no tengan ningún problema en montar su carnaval en los templos católicos pero ni se les pase por la cabeza hacer lo mismo en una mezquita.

Y no es sólo por la reglamentaria endofobia del rojerío, sino porque saben que los mojamés no se andan con remilgos a la hora de defender sus creencias.

LAS PLACAS DE LA CARMENA

Si no fuera siniestro, el asunto de las placas conmemorativas del Ayuntamiento de Madrid, sería hasta cómico.

Hace poco, uno de esos manteros africanos que han venido a pagar nuestras pensiones sufría un ataque al corazón mientras desempeñaba las labores propias de su oficio de venta ilegal.

A pesar de que la policía intentó reanimar al honrado y sindicado distribuidor de contrabando, al final éste la espichó. Estas cosas pasan.

Aunque los negritos subsaharianos de color que nos envía Soros a través de sus oenegés de tráfico de personas suelen venir bastante lustrosos, las enfermedades cardiacas no perdonan.

La cosa no pasaría de lo anecdótico si algún avispado podemero no hubiera querido aprovechar el asunto para marcarse un tanto propagandístico. Se empezó a decir que el infarto del mantero lo había provocado la pasma municipal y se formó así el habitual barullo endófobo que nutre la propaganda progre: el pobrecito mantero víctima de la xenofobia de los guindillas y del Estado heteropatriarcal opresor y demás. Había que sacarle jugo al infarto del moreno.

Hace poco, una cuadrilla de perroflautas puso una placa en el sitio donde estiró la pata el susodicho en la que se decía que el tipo había muerto asesinado o algo así por la policía que lo había auxiliado.

Aunque la placa se había puesto sin permiso, los concejales socialistas y comunistas del Ayuntamiento, especialmente concienciados en época de elecciones contra los infartos de miocardio fascistas y xenófobos, dio marchamo oficial al letrero de marras.

Afortunadamente, algún contribuyente madrileño no especialmente satisfecho con las actividades decorativas del consistorio, quitó la placa y terminó con el chusco disparate. Por lo menos pudimos echarnos unas risas leyendo los amargos lamentos del rojerío en las redes sociales con su cursilería habitual.

Y es que doña Manolita Carmena y sus secuaces municipales tienen una obsesión enfermiza con esto de las placas. Aquí, mientras se borran de nuestro callejero los nombres de héroes y mártires, se le pone placa a cualquiera. Ya le pusieron una al cabecilla de una banda antifa que quiso linchar a un soldado y que se encontró con la horma de su zapato cuando éste se defendió.

Ahora le han puesto otra a un criminal chequista, Fernando Macarro, alias Marcos Ana, por el mérito de haber asesinado a sangre fría a tres inocentes. No es el único asesino al que le rinde honores el callejero carmenita. Santiago Carrillo, el mayor genocida de la Guerra Civil también tiene ya su calle.

Es muy curiosa la fascinación del consistorio madrileño por la crónica negra.

En Madrid cada vez estamos más cerca de dedicar una Plaza a Jack el Destripador, a Antonio Anglés o a los asesinos de Puerto Hurraco. Al tiempo.

PESADILLA EN EL MUSEO.

Como todas las noches, hizo su ronda por las salas vacías. Desde las paredes, los cuadros parecían observarlo con el desdén que lo inmutable muestra hacia lo efímero. Aunque hacía veinte años que trabajaba como vigilante en el museo, seguía sintiendo un complejo de interinidad ante aquellas grandes obras que seguirían allí cuando sus huesos sólo fueran el recuerdo de unas cenizas.

En el silencio de la noche, las pinturas religiosas parecían más solemnes, las batallas, más épicas, los retratos de reyes y generales, más egregios.

Y los cuadros de brujas y aquelarres, más siniestros; los bufones y meninas, más sórdidos; las estampas costumbristas, más miserables.

Luego intentaría convencerse de que cuando creyó escuchar los primeros ruidos estaba ya dormido.

Al principio sólo era un rumor de conversaciones lejanas. Poco a poco aquello se fue convirtiendo en una algarabía como de taberna atestada o de barahúnda dominguera al salir de los toros o de misa.

El ruido venía de los cuadros.

Las figuras cobraban vida ante sus ojos. Se movían y alborotaban en una cacofonía que parecía retumbar desde un pozo insondable de cochambre y de siglos.

Pudo escuchar el ruido gorgoteante de masticación que hacía Saturno al devorar a aquel bebé. Y las voces cascadas, casi graznidos, de las brujas goyescas en sus letanías blasfemas. Y el frufrú de los vestidos de las meninas. Y las carcajadas bobas de enanos y bufones.

Luego se dio cuenta de que no todos los cuadros bullían en aquel antinatural y pesadillesco alboroto. Los retratos de los grandes soldados de antaño, los de las grandes gestas contra turcos o herejes, los de las alegorías de los antiguos panteones o los hermosos cuerpos desnudos de las diosas clásicas, al contrario que los otros, palidecían y se desdibujaban. Las espadas y armaduras de los héroes parecían enmohecerse y oxidarse con rapidez antinatural.

Desde los cuadros más siniestros, los bufones y brujas parecían alegrarse de aquel deterioro. Las brujas de los aquelarres goyescos lanzaban excrementos sobre el retrato de Don Juan de Austria mientras le insultaban. En la retumbante algarabía no pudo distinguir las frases que le dedicaban, sólo palabras sueltas como "machista" y "heteropatriarcal".

Desde un rincón oscuro, un bufón tullido farfullaba algo con voz gangosa. Decía que quería ser adoptado por otra civilización.

De pronto, un hedor repugnante lo invadió todo cuando los negros que custodiaban la tienda de Miramamolín saltaron del cuadro de las Navas de Tolosa arrojando heces y cal viva sobre los borrachos disfrazados de un cuadro de Solana.

Al ver a los negros, la más repulsiva de las brujas gritaba alborozada que eran los mejores.

Cuando los negros extendieron unas mantas por el suelo para vender los huesos de un general desenterrado, la misma bruja repugnante decía a gritos que la venta ilegal no era un problema.

Asustado, buscó al Gran Capitán y al Duque de Alba para que pusieran orden, pero no los encontró.

Cuando preguntó por ellos, su compañero le informó por el walkie de que se estaban concentrando en Covadonga, en el Cuartel de la Montaña y en el Alcázar de Toledo junto al Cid, a Blas de Lezo y a los Tercios de Flandes.

A pesar del aire acondicionado, despertó empapado en sudor.

Índice

* 9 7 9 8 6 4 4 5 1 3 3 6 9 *